基礎からキャラクター別メイクまで

失敗しない！

舞台メイクの教科書

メイクアップアーティスト
監修 **YOKO**

Clara 編

新書館

Contents

はじめに

　バレエの舞台でメイクをする目的はおもにふたつ。ひとつは、遠くはなれた客席まで、ダンサーの表情をしっかりと伝えられるように目鼻立ちをハッキリさせることです。そのためには、ただ目を大きく見せればいい、口もとをくっきりさせればいいというものではなく、もともとの自分の顔立ちをいかすことが大切。自分自身の骨格をいかしたメイクをすることで、自分らしい表情を遠くに座るお客さまのもとまで届けることができるようになります。

　そしてもうひとつの目的は、踊る作品・役柄に合わせた雰囲気を作り出すこと。コンクールや発表会に出演するときに、自分の役に合った衣裳を身につけるのと同じように、メイクだって、役に合わせたデザインにすれば、その役らしさの表現につながりますし、役に入りこみやすくなるものです。

　この本では、そのふたつの目的をかなえるため、自分の骨格をいかしたメイクの仕方、役柄に合わせたメイクのデザインを紹介します。全部で15種類のメイクの仕方を、順を追って紹介していくので、きっと「こうなりたい！」というイメージを形にするヒントにつながるのではないかと思います。

　この本が、あなたらしい表現を生み出す手がかりとなりますように。

監修　メイクアップアーティスト YOKO

大手化粧品メーカーにて美容部員、美容インストラクターとして活動。退職後、Pecola felice を設立。「役柄に合わせた舞台メイク」「顔立ちに合わせる似合わせ舞台メイク」など、現代的で斬新でありながら要望や悩みに合わせる舞台メイク術は劇場やメイクレッスンで多くの支持を集める。舞台メイクだけでなく、広告、雑誌、ショー、イベント等、スチール撮影などの様々な現場で活躍。

メイクを始める前に…

★肌を整えよう！

メイクを美しく仕上げるためには、下準備がとっても大切！

メイクを始める前に、まずは肌のコンディションを整えておきましょう。

ふきとり化粧水でよごれをしっかりふき取りながら肌を保湿。そうすれば　メイクのりがよくなって、汗をかいてもメイクがくずれにくくなりますよ。

★まっすぐな鏡を準備！

鏡を置いたときにななめになるタイプだと、顔のなかで遠近感がついてしまって思い通りのラインがかけず失敗する原因になってしまうことも。洗面台や壁かけタイプの鏡を使うか、手鏡と顔とが平行になるようにまっすぐもつようにして、鏡が顔の正面に向き合うようにしましょう。

骨格をいかして美しく♡
失敗知らずの基本のメイク

基本のメイクの
ポイントは？

最初に紹介するのは、肌なじみのよいブラウン系のアイテムを使用する、姫から村娘まで幅広い役の表現に使えるメイク。このオールマイティなメイクで、まずは舞台メイクの基礎をチェックしていきましょう。自分の骨格をいかして凹凸を際立たせる方法、汗をかいてもメイクがくずれないようにする方法、アイラインがガタガタにならないようにキレイなラインを入れる方法などひとつずつチェックしていきましょう！

Point 1
くずれない土台作り

メイクくずれを防止するには、ベースメイクの塗りムラをなくすことがいちばん大切！　すみずみまでていねいにカバーするベースメイクの方法を紹介します。
➡ 8ページへ！

Point 2
骨格に合わせた
ガイドライン作り

自分らしい表情を伝えつつ、顔立ちをハッキリさせるには、自分の骨格に合わせたメイクをしましょう。そのために、まずは自分の骨格に合わせてハイライトを入れてみて。そのハイライトをガイドラインにアイラインなどの位置を決めていくと立体的＆華やかなメイクに！　➡ 9ページへ！

Point 3
ガイドライン通りのアイメイクで
目もとを大きく立体的に

アイラインやダブルライン、ノーズシャドウはすべてPoint 2 のガイドラインにそって入れることでより立体的な目もとに仕上がります。アイラインをガタガタにならないように入れるコツやアイホールのきれいなグラデーションの作り方をチェック！　➡ 10ページへ！

Point 4
テンプレートで
理想的な形の眉に

きれいな形を作りづらいアイブロウも、テンプレートを使用すれば、かんたんに理想の形に！
➡ 11ページへ！

Point 5
チーク＆シェイディングで立体感をプラス

仕上げにチークとシェイディングで顔全体の凹凸感、血色感をコントロール。小顔に見せつつ華やかなに印象を生み出します。
➡ 14ページへ！

アイテムをチェック！

まずはメイクに必要な コスメ＆ブラシを用意しよう！

コスメ

- A スティックファンデーション 102　¥1,980（チャコット）
- B フィニッシングパウダー マット クリア　¥1,320（チャコット）
  - パウダーパフ（2ヶ入）　¥660（チャコット）
- C プレップ プライム 24 アワー エクステンド アイ ベース　¥3,960（M·A·C）
- D マルチカラーバリエーションMA23　¥1,320（チャコット）
- E スモールアイシャドウ セミスウィートタイムズナイン　¥5,940（M·A·C）
  - ※販売終了
- F プロ ロングウェア フルイッドライン ブラックトラック　¥3,190（M·A·C）
- G スモール アイシャドウ ガーリー　¥3,300（M·A·C）
- H マルチカラーバリエーションPE09　¥1,320（チャコット）
- I パワーフィットアイライナー ブラック　¥1,650（チャコット）
- J ブラッシュアップ アイブロウ ブラウン　¥1,760（チャコット）
- K マルチカラーバリエーションVV12　¥1,320（チャコット）
- L マルチカラーバリエーションGL10　¥1,320（チャコット）
- M マルチカラーバリエーションMA10　¥1,320（チャコット）
- N マルチカラーバリエーションMA01　¥1,320（チャコット）
- O マルチカラーバリエーションMA03　¥1,320（チャコット）

※価格はすべて税込みです。　※価格等はすべて雑誌掲載時の情報です。

K　L　M　N　O

ブラシ

※ブラシはドラッグストアのコスメコーナーや100円ショップでも買えるよ♪
使いやすいものを探してみてね！

（ヘアメイク私物）

B ハイライトブラシ
ハイライトを入れるのに
使うブラシ。毛先がナナメに
カットされていて、太すぎない
ものなら線を引きやすいよ

C アイライナーブラシ
ジェルやパウダーでアイライン
を引くためのブラシ。ラインを
引けるように、小さく毛束が
薄いものを選ぼう！

H スクリューブラシ
眉毛（まゆげ）の毛流れと形を整えるのに使う
ブラシ。ワイヤー入りで、ブラシの
角度が変えられるものが便利！

A パウダーブラシ
フェイスパウダー用
のブラシ。ブラシ部分が
ふさふさとしていて
大きいものがオススメ！

I チークブラシ
チークやシェイディング（陰影）
で使うブラシ。頬に
ぴったりフィットする
ように、毛先がナナメに
カットされているものが
使いやすいよ

D アイシャドウブラシ①
ノーズシャドウとダブルラインで使うよ。
ブラシ部分は小回りがきくように、まぶたに対
して大きすぎないサイズのものがオススメ。
色別にブラシを分けてね

A　B　C　D　E　F　G　H　I

E アイシャドウブラシ②
ダブルラインの最初の色の線を描く
ときや、アイブロウパウダーや
アイシャドウの下書きに。ブラシ部分
が短く毛束が薄いものを選ぼう

F アイシャドウブラシ③
上まぶたに色をのせるときに使うよ。
ブラシの先端が細くなっているものがオススメ。
自分のまぶたに合わせて
使いやすいサイズのものを選んでね

G ブレンディングブラシ
アイシャドウの色をまぜて
グラデーションを作るのに使うブラシ。
ブラシの毛の量が多くて毛先が丸く
カットしてあるものがオススメ

ベースメイクで
くずれない土台作り！

「すぐにメイクがくずれてしまう」という悩み。じつは、ベースメイクの小鼻やまぶたなどのこまかい部分の塗り忘れや塗りムラが原因なんです。顔全体にまんべんなくファンデーションを塗り広げ、パウダーでしっかりおさえることで、くずれにくくしましょう！

失敗しないコツ！

こまかい部分まで
しっかり塗る！

小鼻の横、まぶた、目の下、鼻の下、くちびるの下などこまかい部分の塗り忘れに気をつけて。スポンジの角を使ったり、パフを半分に折ったりして、すみずみまでていねいに塗りましょう！

ファンデーション

> 顔に直接ファンデーションをつけてから塗り広げることで、手早く、塗りムラも防ぎます！

1 Aのスティックファンデをおでこ、鼻すじ、頬(ほお)、あご、まぶたに直接塗る。

> スポンジはどんなものでもOK

2 スポンジで顔の中心から外側に向かって塗り広げる。

> 目の下は、まぶたを手で引っぱっておくと目のふちギリギリまでキレイに塗ることができます！

3 スポンジの角に直接ファンデーションを取り、眉頭(まゆがしら)の下のへこんだところ、まぶた、目の下、小鼻の横、鼻の下、くちびるのまわりなどのこまかい部分に重ねづけする。

パウダー

> 薬指、中指、人差し指の順に肌におき、下から上に向かってパウダーをつけると、毛穴がふさがってメイクがくずれにくく仕上がります

> まぶたなどのこまかくてパウダーがつきにくい部分はパフを半分に折ってつける！

1 パフにBのパウダーを取り、ポンポンと肌に置いて顔全体にまんべんなくつける。

> 手の甲で頬を触ってサラサラしていればOK！

2 パウダーブラシでよぶんなパウダーをはらい落とす。矢印の方向へブラシで肌をなでるようにはらう。

アイベース

> アイベースを塗るとアイメイクが色落ちしにくくなり、発色が良くなるので、重ね塗りがいらなくなって、くずれにくくなります

指にCのアイベースを取り、目の際から眉下まで上まぶた全体と下まぶたに広く塗る。眉頭の下のへこんでいるところにも塗る。

ハイライトで ガイドライン作り！

ついつい "なんとなく" ですませてしまいがちなハイライトこそ、失敗しないメイクのいちばんのカギ！ 自分の骨や顔のパーツにそってハイライトを入れると、アイラインやアイブロウ、チークのガイドラインになり、その通りにメイクすれば失敗しらずに！ 骨格をいかした立体的で華やかなメイクに仕上げられます。

失敗しないコツ！

自分の骨の形を 意識する！

骨の出っぱった部分にハイライトを入れることで立体感が生まれます。手でそっと触れて骨の凸凹（おうとつ）を確認しながらハイライトを入れ、自分の骨格を生かした自然な立体感を作りましょう！

1 眉間 鼻すじ 額

ハイライトブラシに **D** のカラーを取り、左右の眉頭（まゆがしら）から鼻のいちばん上のへこんでいる部分へ向けてVの字を描き、額と鼻すじ（み）に塗り広げ、眉間（けん）から額へ扇状（せんじょう）に塗り広げる。

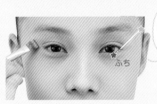

> ブラシを寝かせて、細くまっすぐにラインを引いて。アイラインのガイドになるよ

2 目尻

下まぶたの、黒目の端から目尻にブラシをそえる。そのまま眉尻と同じ高さまで一直線にラインを入れる。

> ダブルラインとノーズシャドウのガイドになるよ！

3 眉下

眉の下にハイライトを入れる。まぶたのくぼみにそわせて、黒目の内側から2で入れたラインの内側まで塗りつぶす。

> ここは塗らない

> ダブルラインのガイドになるよ！ハイライトが目のカーブと同じ形になっていればOK

> じっさいに眉をきゅっと上げ、眉の上のふっくらと盛り上がる部分を指でたしかめて

4 眉上

目を見開いて眉をきゅっと持ち上げたときに、眉の上のふっくらと盛り上がる部分にハイライトを入れる。黒目の外側から眉尻へ向かって入れて。

5 頬

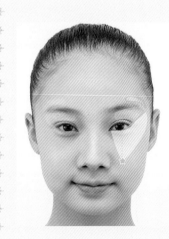

下まぶたの目頭〜目尻のラインと、黒目の真下で小鼻の横の高さの位置を結ぶ逆三角形にハイライトを入れる。さらに2、3とつなげるように頬の高い部分にもぼかし入れる。

6 唇（くちびる） あご

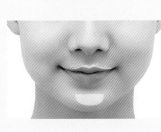

唇の上、あごの高いところに半円を描くようにハイライトを入れる。

Point 3 アイライン＆ノーズシャドウで目元の立体感UP！

アイラインとノーズシャドウを入れると、目を大きく、
鼻を高く見せることができます。ただし、入れ方には要注意！
アイラインが太すぎるとかえって目が小さく見えてしまいますし、
ノーズシャドウをまちがった場所に入れると立体感は生まれません。
ハイライトをガイドにして、正しい位置を確認しながら入れましょう！

失敗しないコツ！ "線を引く" のではなく "色を置く"！

アイラインは線を引こうとすると手が震えたり、
変な場所に描いてしまったりしてしまいがち。
線を引きたい場所に色を置き、
塗り絵のように、あいだを塗りつぶしながら
ラインを作ると失敗しません。

失敗しないコツ！ ノーズシャドウは鼻の側面に！

ノーズシャドウは鼻すじの真上に入れてしまうと、
影に見えず立体感が生まれません。
ハイライトの線にそって
鼻の側面にシャドウを入れましょう。

アイライン

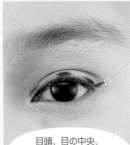

1 アイシャドウブラシ②で
Eのパレット下段右の黒
いカラーを取り、目を開
けたときに目のふちから
少し見える部分に4ヵ所
色を置く。

> 目頭、目の中央、
> 目尻の3ヵ所と、
> 目尻の延長線（目尻と眉下の
> ハイライトが交わる部分まで）
> の境目に色を置く

2 ブラシを左右にこまかく
動かして、すきまを塗り
つぶす。

3 アイライナーブラシにF
のジェルを取り、2で入
れたラインをなぞる。

> ジェルでなぞることで、にじみにくく
> くっきりしたラインに！

ノーズシャドウ

ハイライト

> まぶたのへこんだ部分に、
> 目のふちのラインと平行
> になるように入れる

1 アイシャドウブラシ①
にEのパレット中央の
茶色いカラーを取り、
黒目の内側から目頭ま
でのまぶたのくぼんだ
部分にラインを引く。

2 1で入れたライン上から
矢印の方向へぼかして
広げ、鼻すじのハイラ
イトの側面にそって細く
濃く線を引く。その線を
消さないように、鼻の側
面にもシャドウを入れる。

> 鼻の穴のあいだも影に
> なる部分。ここにも忘れずに
> シャドウを入れましょう！

ダブルライン＆アイシャドウで目を大きく！

ダブルラインとまぶたに明るいカラーのアイシャドウを入れることで、遠くから見たときもパッチリした印象の目元に！　眉下に入れたハイライトにそって、ダブルラインを入れましょう。

ダブルライン

ハイライトにそって、最初に黒目の真上に小さく線を入れてから、ノーズシャドウと、アイラインの端までつなげ、ダブルラインのカーブを描きましょう

1

アイシャドウブラシ②でEのパレットの下段中央の濃い茶色のカラーを取り、眉下に入れたハイライトにそってラインを濃く入れる。

2

アイシャドウブラシ①でEのパレット中央の茶色のカラーを取り、1のラインの少し上をなぞる。

ハイライトを塗った部分にかかるように、目尻側に向かって少しずつ線を太くしていく

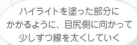

3

さらにGのカラーを取り、2のラインの上をなぞる。

虹を描くように3つのカラーを少しずつずらして

4

何もつけていないブレンディングブラシでダブルラインの上を左右に動かし3つの色の境界線をぼかす。ノーズシャドウとの境目もなぞってダブルラインとの境界線をぼかす。

失敗しないコツ！

ダブルラインは3つの色で！

ダブルラインは3つの色を重ねて描くことでかんたんにしぜんなグラデーションを作ることができます。そうすると、影ができたように見え、立体的でパッチリした印象の目元に。3つの色を重ねたあと、何もつけてないブラシでなぞってぼかすときれいなグラデーションに仕上がります。

アイシャドウ

ブラシの先でアイラインに重ならないようにふちをとってから塗りつぶすとかんたん！

1

アイシャドウブラシ③にDのカラーを取り、ダブルラインとアイラインのあいだを塗りつぶし、目頭側を目の下のハイライトまでつなげる。

つなげる

こまかなパール入りのパウダーを乗せて目元をパッと明るく華やかに！

2

Hのパールパウダーを取り、1の上を塗りつぶす。

アイメイクを仕上げて華やかな目元に！

目の下のラインを描き、アイブロウ（眉毛）を整えることで、さらに目元をくっきり華やかな印象に仕上げます。最後につけまつげをつければ、舞台映えするアイメイクの完成！

失敗しないコツ！

目の下のアイラインは自分の目の形通りに！

目からはなれすぎない位置に下のアイラインを引くことで、遠くから見たときにそこまでが目に見えるようになります。自分の目の輪郭にそって、同じ形になるように入れると不自然にならず、目力アップ！

失敗しないコツ！

アイブロウはテンプレートを使う！

自分で眉毛の形を整えるのがむずかしい方は、テンプレート（型紙）を使うのがおすすめ！型の通りになぞるだけなので、不器用さんでもかんたんにスタイリッシュな形に仕上げることができます。テンプレートはドラッグストアのコスメコーナーや100円ショップでGETできます！

下のアイライン

黒目の下はカーブ、目頭、目尻はやや直線に。目の輪郭と並行に描けばOK！

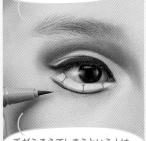

1

目の下のふくらんだ部分（涙袋）のすぐ下に、目の下の輪郭と同じ形になるように、**I**のライナーでラインを描く。

手がふるえてしまうという人は、アイラインと同じようにパウダーで下書きしてから描いてもOK！

ラインをなぞると、影のように見えてメリハリ感UP！

2

アイシャドウブラシ②に**M**のカラーを取り、**1**のラインをなぞる。

アイブロウ

1

目頭の真上より内側と、黒目の外側と目尻のあいだに点を打っておき、そこへテンプレートの眉頭＆眉山を当てましょう！しっかり密着させてすきまをなくすとキレイに描けます！

テンプレートを眉の上にぴったりおし当て、**E**のパレット下段中央の濃い茶色のカラーで型通りに塗りつぶす。

図の矢印の方向へ向かって
ブラシで眉をとかしましょう

2

スクリューブラシを使って眉の毛流れと輪郭の形を整える。

3

｜のペンシルで、眉尻を少し長めに描く。眉山から下のアイラインの延長線とぶつかるところまでラインをのばす。

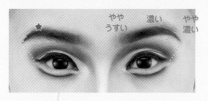

やや うすい　濃い　やや 濃い

眉は遠くからでもハッキリ見えるように
濃く描いてOK！　ただし、全体をべったり
塗りつぶすと立体感がなくなるため、眉頭は
ややうすく、眉の真ん中は濃く、眉尻はやや濃く
なるように濃淡をつけましょう！

切開ライン

目と目の距離を近づけ、目力を強くするため、｜のライナーを使って、目頭側のアイラインをちょっぴりのばす。

ちょん

失敗しない
コツ！

つけまつげは
上から乗せる！！

つけまつげをつけると目が小さく見えてしまうという人は、まつげが前にたおれすぎている可能性が。つけまつげを立てた状態で、目の上からそっとアイライン上へ置くイメージでつけると、まつ毛の先が上を向き、目を大きく見せることができます。

つけまつげ

1

指につけまつげを巻きつけて、カーブをつける。

2

つけまつげの根本の部分にグルー（のり）をつける。

ハケで塗る液体タイプを使えば、
グルーのつけすぎによるダマを防げます！
液体タイプのグルーはドラッグストアで
GETできるよ☆

まつげの先を天井に向けたまま
アイラインの上へ！

3

グルーが半透明になったら、両手でつけまつげの両端を持ち、アイラインの上へ乗せる。中央、右端、左端の3点をそっと手でおさえてぴったりつける。

アイラインの延長線上に
ペンをちょんと置くだけでOK！
このラインを入れると
グッといまっぽいメイクに

チーク&リップで仕上げてきゅっと小顔に！

チークにもグラデーションをつけて、自分の頬骨の位置に入れると、顔を立体的に見せることができます。シェイディングは照明で飛んでしまうフェイスラインにメリハリをつけ、顔をきゅっと小顔に見せます。最後はリップを塗って完成！

失敗しないコツ！

チークはにこっと笑って入れる！

にこっと笑ったときに頬骨が出てくるので、そのラインにそってチークをのせましょう。ピンクでチークを入れたあと、頬骨の高いところに濃いピンクを重ねてより立体的に仕上げます。

チーク

> チークは舞台の照明で色がはっきり見えなくなってしまいがち。ちょっと濃すぎるかな？　と思うくらいたっぷり塗ってOK！

> 横を向いてチェックしながらチークを入れると、横顔も美しく！

1 にこっと笑って頬が高く盛り上がるラインにそって、Nのカラーをチークブラシに取って塗り広げる。

2 頬骨のいちばん高く盛り上がっている部分に、チークブラシで O のカラーを乗せる。

シェイディング

1 チークブラシに E のパレット右上の茶色いカラーを取り、口をすぼめたときにへこむ頬のななめのラインにそわせ、耳の穴へ向かってシェイディングを入れる。

> チークと同じ色を髪の生えぎわに入れることで血色感をアップしつつ小顔効果が！

2 同じブラシで耳の下からあごの先に向かってシェイディングを入れる。Nのカラー取り、かみの毛の生えぎわの左右にもシェイディングを入れる。

紅筆で塗る！

口紅は、上下のそれぞれ中央部分から
塗り始めることで、はみ出さずにキレイな
ラインで塗ることができます。
口紅を直接塗らず、紅筆を使うと
仕上がりもキレイ！

リップ

3

紅筆に **L** のグロスを取り、くちびる全体に塗り、
ツヤをプラスしたら完成！

1

> 紅筆はどんな
> ものでもOK！

紅筆で **K** のリップカラーを取り、上くちびるに
はくちびるの山にそうように♡マークを描き、下
くちびるには輪郭にそったラインを引く。

2

> 「え」と発音して口を横に広げ、
> くちびるのシワのあいだまで
> しっかり塗りこみましょう！

「え」の口にしながら、上くちびるの口角から♡
マークの山の部分へ、下くちびるの口角から中
央ラインへそれぞれラインをのばしてつなげ、
そのなかを塗りつぶす。

完成！

役柄を表現できる♡

キャラクター別メイク

オーロラ

Vol. 1

キトリ

Vol. 2

金平糖の精

Vol. 3

フェアリードール

Vol. 4

エスメラルダ

Vol. 5

スワニルダ

Vol. 6

フロリナ

Vol. 7

ガムザッティ

Vol. 8

コロンビーヌ

Vol. 9

メドーラ

Vol. 10

オデット

Vol. 11

オディール

Vol. 12

Vol. 1 オーロラ

『眠れる森の美女』より

オーロラ を表現するには？

オーロラは、人びとから待ち望まれて生まれてきたお姫さま。妖精たちから「優しさ」「勇気」など5つの美徳を授かり、誰からも愛される美しい姫に成長します。まさに"姫のなかの姫"ともいえるオーロラ姫を表現するには、ふんわりとした愛らしさ&優雅で高貴な雰囲気を意識したメイクをめざしましょう。

Point 1

ふんわり丸いライン

柔らかく愛らしい雰囲気を表現するために、アイラインやダブルラインは自分の目の輪郭に合わせた丸いラインを描きましょう。自分の目の形通りにラインを引くことで、目を丸く大きく見せることができて、顔全体の印象も優しげになります。

Point 2

優しいピンクで

アイシャドウやリップなどは柔らかい色合いのピンクに統一。ピンクが濃すぎると少し幼い印象になってしまうので、肌になじみやすいベージュやローズ、ブラウンのまざったピンクを使い、気品を感じさせる顔に仕上げましょう。

Point 3

華やかに！

王宮に住むお姫さまを表現するには華やかさも大切。ゴールドのアイシャドウものせて目元にほんのり輝きをプラスしましょう。

ここからSTART！

10ページ
ノーズシャドウを
入れたところから
START!

ダブルライン

ブラウンピンク、ベージュピンク、パウダーピンクの3つのカラーを重ねてピンクのグラデーションを作りましょう。目の形に合わせて虹のような丸いラインを入れることで目元をふんわり優しい印象に。

アイシャドウブラシ②で、Aのパレット❶のカラーを取り、目元に入れたハイライトの丸みにそってラインを濃く入れる。その上に大きすぎず太すぎないアイシャドウブラシで②、③のカラーを重ねて3重の虹のようなラインに。

ラインを入れるときは、最初に目の中央に線を引きそこから目頭、目尻に向かってのばしましょう

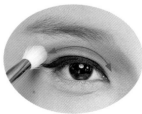

3つのカラーを重ねたら、何もつけていないブレンディングブラシを目の上で左右に動かして境界線をぼかし、グラデーションを作りましょう

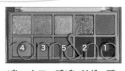

A ベターザンパレット ローズバンドガーデン
¥3,190（rom＆nd／渋谷ロフト）

アイシャドウ

白いカラーを乗せて目元をパッと明るい印象に。重ねてほんのりパウダーピンクを乗せると柔らかさも生まれます。

アイシャドウブラシ③に**B**のカラーを取りダブルラインとアイラインの間を塗りつぶす。その上に**A**のパレット④のカラーを重ねる。

B マルチカラーバリエーション MA23
¥1,320（チャコット）

下のアイシャドウ

目の下に、繊細なパール入りのゴールドのラインを入れて輝きをプラス！ 目尻側にはダブルラインのいちばん濃いカラーと同じブラウンピンクを入れて目をふっくら丸い形に整えます。

アイシャドウブラシ②で**A**のパレット❶のカラーを取り、目の下のキワ、目尻側の半分に色を乗せる。そのラインにそって⑤のカラーをのせる。目頭側の半分には**C**のパレット❶のカラーを乗せる。

> アイラインの上にも
> 同じゴールドを乗せると
> さらにキラメキ度アップ！
> まばたきするたびに
> ほんのり輝くのでぜひ試してみて。
> アイラインと同じくらいの幅の
> ラインを入れましょう

C カラーステイ ルックスブックパレット
930 ¥1,760（レブロン／渋谷ロフト）

下のアイライン

自分の目の輪郭に合わせて、丸くラインを入れましょう。遠くから見たときにダブルラインと下のアイラインがつながって目が丸く大きく見えます。

目の下のふくらんだ部分（涙袋）のすぐ下に、目の下の輪郭と同じ形になるように**D**のライナーでラインを描く。そのラインを**A**のパレット❶のカラーでなぞって影を書きます。

D パワーフィットアイライナー
¥1,650（チャコット）

アイブロウ

眉毛はカーブをつけずにややストレートに仕上げると、優しく上品なイメージに。ダブルラインの濃いカラーとおそろいのブラウンピンクを使うことで、優しい雰囲気に仕上げましょう。100円ショップやドラッグストアで売っている、テンプレートを使うとカンタン＆キレイに眉の形を作れます。

> テンプレートの使い方＆
> 眉尻のラインの整え方は
> P12～13をチェック！

テンプレートを眉におし当て、**A**のパレット❶のカラーで塗りつぶす。テンプレートを外したらスクリューブラシで毛の流れを整え、**E**のブラウンのペンシルで毛を1本1本描くイメージで眉のすきまを埋め、眉尻のラインを少し長めに整える。

E ブラシュアップ アイブロウ ブラウン
¥1,760（チャコット）

チーク＆シェイディング

にこっと笑って頬が高く盛り上がる部分に**ピンクのチークを入れ華やかな雰囲気に仕上げましょう。**おでこに入れる**シェイディングにはチークと同じピンクを重ねる**と統一感がうまれます。

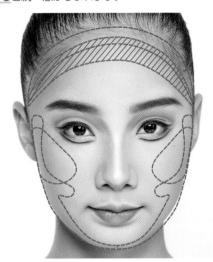

頬の（＿＿）の位置に**F**のカラーをブラシに取って塗り広げましょう。頬骨のいちばん高い位置には濃いめに色を重ねて。おでこ、あご、チークの下の（＿＿）の位置に**G**のカラーでシェイディングを入れて。おでこの（／／／）の部分には**F**のカラーを重ねる。

Gマルチカラー
バリエーション
MA12
¥1,320（チャコット）

Fマルチカラー
バリエーション
MA01
¥1,320（チャコット）

リップ

リップは肌なじみのよいベージュ系のピンクをチョイス。グロスで少しツヤを出すと華やかな雰囲気に仕上がります。

上唇に♡を、下唇は
輪郭に沿った弧を描いてから
端までラインをのばし、
そのなかを塗りつぶして

Hのリップを紅筆に取り、唇の中心から端に向かって塗り広げる。**I**のグロスを上から重ねる。

Hマルチカラー
バリエーション
GL05
¥1,320（チャコット）

Iマルチカラー
バリエーション
GL10
¥1,320（チャコット）

つけまつげ

つけまつげは、**華やかなのに繊細な印象のロングタイプのもの**がおすすめ！　ほどよく抜け感のあるタイプなら、目に光が入ってきらめくので華やかな印象に。

ビューラーで軽くまつ毛をもち上げて**J**のマスカラを塗ってから、**K**のつけまつげにグルーを塗って、アイラインの上に乗せて固定する。**D**のライナーで目頭側のアイラインをちょっぴりのばして（切開ライン）完成。

つけまつげのつけ方、
切開ラインの入れ方は
12ページをチェック！

Jパワーフィット
マスカラ ボリューム
¥2,200（チャコット）

ローズ・アダージオや第3幕の
ヴァリエーションでは目をふせる瞬間も。
自分のまつ毛とつけまつげが
一体になるように
手でつまんでおさえておくと、
目をふせたときもキレイな印象に

KつけまつげS-7
¥1,540（三善）

完成！

Vol. 2 キトリ

『ドン・キホーテ』より

キトリ を表現するには?

キトリは、スペインの港町バルセロナに暮らす女の子。太陽のように明るく元気で、ちょっぴり強気なキトリを表現するには、シェイディング&ハイライトで陰影をくっきりとつけるのがポイント。目元もきりっと仕上げ、スパニッシュの情熱的な雰囲気を作りましょう。

Point 1

キリっとした目元に!

目の下の目尻側だけにアイシャドウを入れることで、引きしまった切れ長の目に。ダブルラインは目尻側にボリュームをもたせ、眉は濃いカラーで描くことで目元をキリっとメリハリのある強い印象に仕上げましょう。

Point 2

レッドで健康的に!

リップには鮮やかなレッドを、目元にはブラウンレッドを使用することで、血色のいい健康的な肌を表現しましょう。

ダブルライン

ダークブラウン、ミディアムブラウン、ブラウンレッドの順に3つのカラーを重ねてグラデーションを作ります。ダークブラウンとミディアムブラウンは目の形に合わせた丸いライン、ブラウンレッドは目尻側に三角形を描くように入れることで、目元をキリッとメリハリのある強い印象に仕上げます。

Point 3

くっきり陰影をつける!

ハイライト&シェイディングを濃く入れることで、太陽の光を浴びたときのようなくっきりとした陰影をつけましょう。目頭のハイライトや唇の下の影など、こまかな部分の輪郭をはっきりさせることで、キトリのはつらつした雰囲気を表現することができます。

ここからSTART!

> 10ページ
> ノーズシャドウを
> 入れたところから
> START!

> 3つのカラーを重ねたら、何もつけていないブレンディングブラシでダブルラインの上を左右に動かし境界線をまぜてぼかし、しぜんなグラデーションを作りましょう

A スモールアイシャドウ セミ スウィートタイムズナイン
¥5,940（M·A·C）　※販売終了

アイシャドウブラシ②で、Aのパレット❶のカラーを取り、目の丸みに沿わせてラインを濃く入れる。その上にアイシャドウブラシ①で❷のカラーを重ね、Bのカラーを目尻側が太い、細長い三角形状に重ねる。

B ケイト ザ アイカラー 032
¥715（編集部調べ／カネボウ化粧品）
※販売終了

アイシャドウ

肌なじみの良いベージュカラーを乗せて明るい目元に。

アイシャドウブラシ③に**A**のパレット❸のカラーを取りダブルラインとアイラインのあいだを塗りつぶす。

下のアイシャドウ

　涙袋（なみだぶくろ）の位置にアイラインを入れると目が丸く見えてしまうので、アイラインではなく**ブラウンのシャドウを目尻側に入れて、引きしまった切れ長の目を表現**します。目頭側にはマットな白いシャドウを入れて明るく立体的な目に。

アイシャドウブラシ②で**A**のパレット❶のカラーを取り、目の下のキワにそって濃く乗せる。同じラインをなぞるように、アイシャドウブラシ①で❷のカラーを重ねる。目頭側の半分には**C**のカラーを乗せる。

> 目尻側のアイシャドウは、黒目の下あたりまで色を乗せて

C マルチカラーバリエーションMA23
¥1,320（チャコット）

目もとのハイライト

アイホールの目頭側に**マットな白いカラーを入れることで、よりくっきりした目もとに**仕上げましょう。

> ダブルラインの目頭側の端から、目のくぼみにそってハイライトを入れましょう。ハイライトを入れると、コントラストがうまれくっきり強い印象に

Cのカラーをアイシャドウブラシ②に取り、目頭側に色を乗せる。

アイブロウ

眉毛はダークブラウンのパウダーで、キリっとシャープな印象に。テンプレートを使用し、眉山を高く「へ」のような形を描き、はつらつとしてメリハリのある印象に。

> テンプレートの使い方＆眉尻のラインの整え方はP12～13をチェック！

テンプレートを眉におし当て、**A**のパレット❶のカラーで塗りつぶす。テンプレートを外したらスクリューブラシで毛の流れを整え、**E**のペンシルで毛を1本1本描くイメージで眉のすきまを埋め、眉尻のラインを少し長めに整える。

E ブラッシュアップ アイブロウ ブラウン ¥1,760（チャコット）

チーク＆シェイディング

シェイディングは濃く入れましょう。唇（くちびる）の下にもシェイディングを入れることで唇が少しぽてっと色っぽい印象に。キトリらしい情熱的な雰囲気がうまれます。

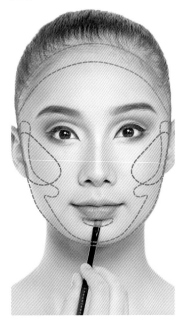

F マルチカラーバリエーションMA01
¥1,320（チャコット）

G マルチカラーバリエーションMA12
¥1,320（チャコット）

頬の〔　　〕の位置に**F**のカラーをブラシに取って塗り広げましょう。頬骨のいちばん高い位置には濃いめに色を重ねて。おでこ、あご、唇の下のへこんだ部分、チークの下の〔　　〕の位置に**G**のカラーでシェイディングを入れて。さらに**F**のカラーの上に**G**のカラーを適度に重ねるとメイクの統一感がアップ。

リップ

リップは鮮やかなレッドを。今回使用しているのは、少しブラウンの入った肌なじみがいいレッド。衣裳の色味に合わせて、ローズ系のレッドやストロングレッドを選んでもOK。

今回は
もともとツヤ感のあるリップを使用。
さらにツヤをプラスしたいときは、
透明なグロスを重ねて

レッド系のリップを紅筆に取り、唇の中心から端に向かって塗り広げる。

つけまつげ

つけまつげは、**ボリュームがありつつも、扇状にまつ毛がぱっと広がるロングタイプのもの**がおすすめ！全体的にキリっと強いメイクに仕上げているので、まつ毛は思いきり華やかなものを選ぶと、キトリのかわいらしい部分が表現できます。

ビューラーで軽くまつ毛を持ち上げて**H**のマスカラを塗ってから、**I**のつけまつげにグルーを塗って、アイラインの上に乗せて固定する。**J**のライナーで目頭側のアイラインをちょっぴりのばして（切開ライン）完成。

H パワーフィットマスカラボリューム
¥2,200（チャコット）

J パワーフィット
アイライナー ブラック
¥1,650（チャコット）

I つけまつげ S-62
¥1,540（三善）

完成！

Vol. 3 金平糖の精

『くるみ割り人形』より

金平糖の精 を表現するには？

金平糖の精は、『くるみ割り人形』の第2幕に登場するお菓子の国の女王で、クララにとってのあこがれの女性像をつめこんだ役。女王らしい気品や優しく頼れる雰囲気を表現することが大切です。「くるみ」らしいドリーミーでファンタジーな雰囲気も同時に表現しましょう。

Point 1

おとなびた目元で上品に！

ダブルラインと目の下のアイシャドウは目尻側だけに色を重ねることで気品を感じさせる目元に。つけまつげはロングタイプのものでナチュラルに華やかさを演出します。

Point 2

ラメ＆ピンクでファンタジックに！

目元にラメをプラスすることで華やかさと夢の世界のキラキラ感を表現しましょう！　アイホールやチークにはピンクのカラーを使用してさらにドリーミーな印象に。

ダブルライン

ダブルラインは2つのカラーを使用。色数をしぼることで、シンプルでおとなっぽい目元を作ります。濃いブラウンで影のラインをくっきりさせつつ、うすいブラウンを目じり側に三角形を描くように入れることで、気品ある目元に仕上げましょう。

アイシャドウブラシ②で、**A**のカラーを取り、目の丸みにそわせてラインを細く濃く入れる。

アイシャドウブラシ①で**B**のカラーを取り、**A**のカラーのラインの上に色を重ね、目尻側に三角形を描くイメージでぼかし広げる。

A スモール アイシャドウ　エスプレッソ　¥3,300(M·A·C)

B スモール アイシャドウ ウェッジ　¥3,300(M·A·C)

Point 3

シンプルメイクでエレガントに！

肌になじみやすいピンクやブラウンなどのカラーを使用することで、やさしい印象に。ごてごてと飾りつけないことで、女王らしい洗練された雰囲気が生まれます。

ここからSTART！

10ページ
ノーズシャドウを
入れたところから
START！

アイシャドウ

アイシャドウには肌なじみのいいピーチピンクを使いましょう。ピンクを目元に使うことで、甘くやさしい雰囲気が生まれます。

アイシャドウブラシ③に**C**のカラーを取りダブルラインとアイラインの間を塗りつぶす。

C スモール アイシャドウ シェル ピーチ
¥3,300（M·A·C）

下のアイシャドウ

目尻側にスッと長めにアイシャドウを入れることで、凛（りん）としたおとなっぽい目元に仕上げます。

アイシャドウブラシ②で**A**のカラーを取り、目の下のキワ、目尻側の半分に色を乗せる。黒目の下から目尻まで目のふちにそって色を乗せ、そこから真横にスッとブラシを動かして、上のアイラインと同じ長さに。**A**のカラーの境界線をぼかすように、アイシャドウブラシ①で**B**のカラーを取り下まぶたのくぼみまでぼかし広げる。

目もとのハイライト

アイホールと目頭にラメでハイライトを入れて、**キラキラな目元**に！　照明が当たるたびにひかえめにキラリと輝いて華やかな印象に。

上品に仕上げるため、ラメはうすく重ねる程度でOK

Dをアイシャドウブラシ②に取り、上まぶた目頭側、下まぶた目頭側半分に乗せる。さらに、アイホールと**D**を乗せた部分に**E**のラメを重ねる。

D マルチカラーバリエーション
MA23 ¥1,320（チャコット）

E マルチカラーバリエーション
PE09 ¥1,320（チャコット）

アイブロウ

眉毛（まゆげ）は**ダブルラインと同じ濃いブラウンを使い、ストレートに描くことでやさしい印象に。**

テンプレートの使い方＆
眉尻のラインの整え方は
P12〜13をチェック！

テンプレートを眉におし当て、**A**のカラーで塗りつぶす。テンプレートを外したらスクリューブラシで毛の流れを整え、**F**のペンシルで毛を1本1本描くイメージで眉のすきまを埋め、眉尻のラインを少し長めに整える。

F ブラシュアップ アイブロウ ブラウン ¥1,760（チャコット）

チーク＆シェイディング

チークは、**ちょっぴり青みの入ったピンクでドリーミー**
に仕上げます。さらに光の当たるパーツにラメをうっ
すら重ねることで、よりキラキラした印象に。

頬の◯の位置に**G**のカラーをブラシに取って塗
り広げる。おでこ、フェイスライン、チークの下の
◯の位置に**H**のカラーでシェイディングを入れ
て。さらに◯の位置に指で**E**のラメをうすく塗
り広げる。

H マルチカラー
バリエーションMA12
¥1,320 （チャコット）

G ミネラライズ ブラッシュ
バブルズ, ブリーズ ¥4,730 （M·A·C）

リップ

リップは肌なじみのよいコーラルピンク系のカラー。
肌から浮きすぎないカラーを選ぶことで、エレガント
な華やかさを表現します。

今回使用しているのは、
肌なじみがいい
赤味が強いコーラルピンク。
赤っぽいカラーなので
しぜんな仕上がりで
血色感がアップし、顔全体を
明るく見せてくれます

Iのリップを紅筆に取り、唇の中心から
端に向かって塗り広げる。

I ラスターガラス リップスティック シー シアー
¥4,400 （M·A·C）

つけまつげ

つけまつげは、繊細で華やかなロングタイプのものが
おすすめ！　ごてごてさせずに、洗練された雰囲気の
目元に仕上げましょう。

ビューラーで軽くまつ毛を持ち上げて**J**のマスカラ
を塗ってから、**K**のつけまつげにグルーを塗って、
アイラインの上に乗せて固定する。

J パワーフィットマスカラボリューム
¥2,200 （チャコット）

K つけまつげS-7
¥1,540 （三善）

完成！

Vol. 4 フェアリードール

『人形の精』より

フェアリードール を表現するには？

フェアリードールは、『人形の精』の舞台となる小さなおもちゃ屋さんにあるひときわ美しい人形です。フランス人形をイメージしたメイクで、ガラスのように透き通った印象の目元、ちょっぴりおさなくあどけない表情に仕上げていきましょう。

Point 1

ブルーグリーンで ガラスの瞳を表現！

ブルーグリーンのアイシャドウをアイラインに重ねることで、ガラスのように透き通った瞳を表現しましょう。ブルーグリーンだけだとおとなびた印象になってしまうので、アイホールにはピンクのアイシャドウを入れて愛らしさをプラス。

Point 2

左右の目をはなして おさない印象に！

左右の目がはなれていると、おさなくあどけない印象に。目尻側にだけアイシャドウを入れたり、アイブロウも少し外側に入れたりするなど、左右の目の位置をはなし気味に見せましょう。さらに黒目の上のダブルラインにアクセントを入れるなどして、目の形を丸く仕上げると、よりおさなくかわいらしい印象に。

Point 3

ぽってりチークで ドーリーに！

頬骨の上だけでなく、頬全体に広げるイメージでチークを入れて、ぽてっとしたかわいらしい印象の頬に。人形のバラ色の頬を表現します。

ここからSTART！

10ページ
ノーズシャドウを
入れたところから
START！

ダブルライン

ダブルラインはピンクベージュで愛らしい印象に。黒目の上にアクセントカラーを置くことで、目の丸み、立体感を強めて。

ラインを
くっきりさせず、
ブラシでぼかすように
色を乗せて

アイシャドウブラシ①で、**A**のカラーを取り、目の丸みに沿わせて色を乗せる。アイシャドウブラシ②で**B**のカラーを取り、**A**のラインの黒目の上の部分にだけ色を重ねる。

A パウダー キス
アイシャドウ
マイ トゥイーディ
¥4,290（M·A·C）

B パウダー キス
アイシャドウ
ワット クラウト！
¥4,290（M·A·C）

アイシャドウ

ブルーグリーンのアイシャドウでガラスのように透明感のある目元に仕上げましょう。目尻側に色をたっぷり乗せることでおさない印象のはなれ目に。ハイライトはマット+パールの2種類のホワイトを重ねて透明感アップ!

アイシャドウブラシ③にCのカラーを取りダブルラインとアイラインの間を塗りつぶす。目頭側はうっすらとぼかす程度でOK。さらに下まぶたにもCのカラーを入れる。Cの上に重ねるようにDを同じ手順で重ねる。

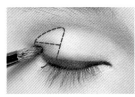 

アイシャドウブラシ①にEのカラーを取り、アイラインの上をなぞる。目尻側だけダブルラインとのすき間1/2までブラシでぼかし広げる。目尻側半分の目の下のキワにもEのカラーを乗せる。

C マルチカラーバリエーション
MA23 ¥1,320(チャコット)

D マルチカラー
バリエーション PE09
¥1,320(チャコット)

E スモール アイシャドウ
ストーム ウォッチ
¥3,300(M·A·C)

Fのカラーをブラシに取り、ダブルラインの下、残り1/2に乗せる。さらにダブルラインにも色を重ねる。黒目の上にたっぷり乗せ、目頭側、目尻側へぼかし広げて。

F スモール アイシャドウ スシ フラワー
¥3,300(M·A·C)

下のアイシャドウ

涙袋をなぞるようにダブルラインと同じカラーでラインを入れて、丸い印象の目元に。目尻側だけぼかし広げることで、たれ目気味の優しい雰囲気を表現します。

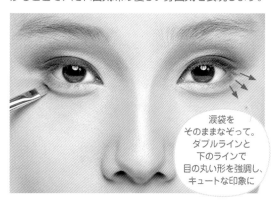

涙袋を
そのままなぞって。
ダブルラインと
下のラインで
目の丸い形を強調し、
キュートな印象に

Aのカラーをブラシに取り、目の形にそって涙袋の上にラインを入れる。その上をBのカラーでなぞる。目尻側だけななめ下へラインをぼかし広げる。

アイブロウ

眉毛はダブルラインと同じピンクベージュを使ってかわいらしい印象に。**ストレートのテンプレートを目頭のやや外側に端がくるように型を当てて使用することで、少し外側にはなれた眉に。**左右の目がはなれて見え、キュートに仕上がります。

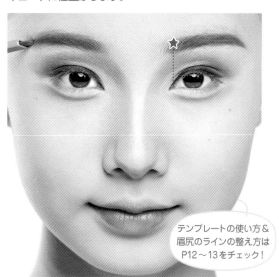

テンプレートの使い方&
眉尻のラインの整え方は
P12〜13をチェック!

テンプレートを眉におし当て、Aのカラーで塗りつぶす。テンプレートを外したらスクリューブラシで毛の流れを整え、Gのペンシルで毛を1本1本描くイメージで眉のすきまを埋め、眉尻のラインを少し長めに整える。

G ブラッシュアップアイブロウ ブラウン ¥1,760(チャコット)

チーク＆シェイディング

チークは、**頬骨だけでなく、頬全体に広く塗ることで**ぽてっとしてかわいらしい印象に仕上げます。今回使用したカラーはイエローベースのピンク。キュートな雰囲気にぴったりなカラーです。

頬の◯◯の位置に**H**のカラーをブラシに取って塗り、猫のひげを描くイメージで頬全体に塗り広げる。おでこ、フェイスラインの◯◯の位置に**I**のカラーでシェイディングを入れる。

H エクストラ ディメンション ブラッシュ
スウィーツ フォー マイ スウィート
¥4,730（M·A·C）

I マルチカラーバリエーションMA12
¥1,320（チャコット）

リップ

リップもイエロー系ピンクでかわいらしく。肌なじみのいいカラーを選ぶことで、口紅を塗った感を出さずに、あどけない雰囲気を表現しましょう。

今回使用しているリップは
透け感のある
マットタイプのもの。
唇がじんわり色づき
自然な愛らしさに

Jのリップを紅筆に取り、唇の中心から端に向かって塗り広げる。

J パウダー キス リップスティック シアー アウトレイジ
¥4,400（M·A·C）

つけまつげ

つけまつげは、**毛量が多く、こまかくクロスしたタイプのもの**がおすすめ！ クロスしたすき間から目にキラキラと光が入るため、透き通った雰囲気の目元に仕上がります。

ビューラーで軽くまつ毛を持ち上げて**K**のマスカラを塗ってから、**L**のつけまつげにグルーを塗って、アイラインの上に乗せて固定する。

K パワーフィットマスカラ
ボリューム ¥2,200（チャコット）

L つけまつげ S-86
¥1,540（三善）

完成！

Vol. 5 エスメラルダ

エスメラルダを表現するには？

エスメラルダは、踊り子として生きるジプシーの女性。道行く人びとが思わず目をうばわれてしまうような、ちょっぴり色っぽくて魅力的な雰囲気を意識することが大切です。同時に、自分の力でお金をかせぎ生活していくエスメラルダは、お姫さまや村娘とはちがった「強さ」をもっています。アイメイクで目に力を感じさせることで、その強さを表現していきましょう。

Point 1

はね上げアイラインで強い目に！

いつものアイラインを描いたあと、目尻（めじり）側の先端（せんたん）からこめかみにむかってはね上げるようなラインをプラス。キュッとはね上がったアイラインは、目元を強く見せつつ、切れ長で色っぽい雰囲気も表現できます。

Point 2

きらめく目元で華やかに！

目頭側にマットホワイトのハイライト、目の下にゴールドのラメを入れて、目元をきらめかせて。踊り子の華やかで魅力的な雰囲気を目元のかがやきで表現しましょう。

Point 3

キリっと赤い唇（くちびる）に！

リップライナーを使用することで、唇と肌の境界線（きょうかいせん）をくっきりさせて、口元をキリっとした印象に。赤いカラーのリップで、強さと色っぽさを合わせた雰囲気に仕上げましょう。

ここからSTART！

10ページ
ノーズシャドウを
入れたところから
START！

アイライン

いつものアイラインから、目尻側の先端にはね上げラインをプラス。猫の目のように目尻側がきゅっと上がり、つり上がった目元に仕上げましょう。

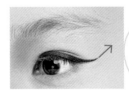

先端がスッと細くなるように、三角形を描くイメージでラインを入れるとキレイに仕上がります

いつものライン

Aのアイライナーで、いつものアイラインの目尻側の先端から、こめかみに向かってラインをのばす（❶）。眉尻（まゆじり）の下までラインをのばしたら、もとのアイラインとの段差をぬりつぶし、なめらかな曲線に（❷）。

A パワーフィットアイライナー ブラック ¥1,650（チャコット）

B スモール アイシャドウ ヒューミッド ¥3,300（M・A・C）

Bのカラーをアイシャドウブラシ①に取り、アイラインの上に、アイラインと同じくらいの幅（はば）になるようにラインを重ねる。

ダブルライン

アイラインを強調するため、**ダブルラインは肌になじむ柔らかなブラウンを使用**。目元に影をプラスするだけのイメージでひかえめに色を乗せていきましょう。

アイシャドウブラシ①に**C**のカラーを取り、目の丸みにそわせて色を乗せる。目尻は、いつものアイラインの位置まで色を乗せ、あとからブラシでななめ上へぼかし広げる。

さらにアイシャドウブラシ②で**D**のカラーを取り、細くラインを入れる。何もつけていないブラシでふたつの色の境界線をぼかしまぜる。

Cスモール
アイシャドウ オメガ
¥3,300（M·A·C）

Dスモール アイシャドウ
サンドストーン
¥3,300（M·A·C）

アイシャドウ

ダブルラインで描いたまぶたの堀を強調するために、アイシャドウは明るく、**肌になじむベージュカラーを使用**します。

> グリーンのアイラインに
> 色が重ならないように
> 気をつけて！

アイシャドウブラシ③に**E**のパレット❶のカラーを取り、アイホールにぬり広げる。

Eスモール アイシャドウ X 9: セミ スウィート
タイムズ ナイン　¥5,940（M·A·C）※販売終了

下のアイライン

目の下にも濃くはっきりアイラインを入れることで、**キュッとはね上がった目尻**に。目のキワにラインを入れるので、にじみにくいジェルライナーを使用しましょう。

> 目の下のアイラインは、黒目に
> かからない部分までのばして

Fのライナーで、目尻側の目のキワ、ギリギリの部分にラインを入れる（❶）。上のはね上げラインにつなげるように三角形を作り、そのなかを塗りつぶしてなめらかなラインに（❷）。

Fジェルライナー ブラック　¥1,650（チャコット）

ハイライト

目頭にはマットホワイトを、目の下にはゴールドのラメを乗せて目元をきらめかせます。照明が当たったり、まばたきをしたりするたびにキラリと光って華やかな印象に。

アイシャドウブラシ②に**G**のカラーを取り、目頭にCの字を描くようにハイライトを入れる。**H**のカラーを取り、目の下、アイラインを引いていない目頭側の部分にラメを乗せる。最後に涙袋をなぞるように、**D**のカラーでラインを入れる。

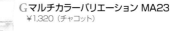

Gマルチカラーバリエーション MA23
¥1,320（チャコット）

Hスモール アイシャドウ イフ イット
エイント バロック ¥3,300（M·A·C）

アイブロウ

眉毛は**ストレートのテンプレートを、眉頭より少しだけ眉山の位置を高めに当てて使用**します。濃いめのブラウンで、キリっとした印象に仕上げましょう。

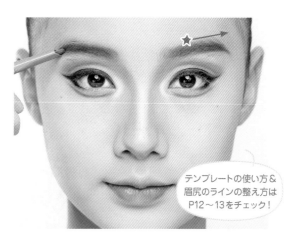

> テンプレートの使い方&
> 眉尻のラインの整え方は
> P12〜13をチェック！

テンプレートを眉におし当て、**E**のパレット❷のカラーで塗りつぶす。テンプレートを外したらスクリューブラシで毛の流れを整え、**I**のペンシルで毛を1本1本描くイメージで眉のすきまを埋め、眉尻のラインを少し長めに整える。

Iブラッシュアップアイブロウ ブラウン ¥1,760（チャコット）

チーク＆シェイディング

チークは、**頬骨にそってスッとななめに入れることで、おとなっぽい雰囲気に**。レッド系のチークで色っぽく強い女性を表現します。

頬の（＿＿＿）の位置に**J**のカラーをブラシに取って塗り、頬骨にそってななめにぬり広げる。おでこ、フェイスラインの（＿＿＿）の位置に**K**のカラーでシェイディングを入れる。

J ミネラライズ ブラッシュ フラーティング
ウィズ デンジャー ¥4,730（M·A·C）

K マルチカラーバリエーション MA12
¥1,320（チャコット）

リップ

リップは**リップライナーで輪郭をとり、魅力的な雰囲気に仕上げましょう**。イエローの入ったレッドは、肌から浮かずに強い印象をプラスしてくれます。

> ペンシルで輪郭をなぞるときは、とくに上唇の山をはっきり描いて。下唇を少しぽってり丸く描くと色っぽさがアップ

Lのリップペンシルで唇の輪郭をなぞり、**M**を紅筆に取ってラインの中を塗りつぶす。

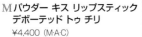

M パウダー キス リップスティック
デボーテッド トゥ チリ
¥4,400（M·A·C）

L リップペンシル
オーバーン
¥3,410（M·A·C）

つけまつげ

アイシャドウが埋もれてしまわないように、**シンプルなデザインのロングタイプのもの**を使いましょう。

ビューラーで軽くまつ毛を持ち上げて**N**のマスカラを塗ってから、**O**のつけまつげにグルーを塗って、アイラインの上に乗せて固定する。

N パワーフィットマスカラ
ボリューム ¥2,200（チャコット）

O つけまつげ S-62
¥1,540（三善）

完成！

Vol. 6 スワニルダ

スワニルダを表現するには？

スワニルダは、ほがらかで快活な村娘。怒ったり、笑ったりとくるくると変わる表情が魅力的な女の子です。表情ゆたかでチャーミングなスワニルダを表現するには、目元をくりっと丸く大きく見せるのがポイント。骨格を強調し、立体的で丸みのある目元をめざしましょう。

Point 1
つけまつげ＆アイシャドウでくりっとした目元に！

上まぶた、下まぶたの両方につけまつげをつけて目元をパッチリさせて。そのぶん、アイシャドウは派手になりすぎないように肌になじむカラーを使います。影をつくるイメージで色を乗せて目の丸みを強調しましょう。

Point 2
ハイライトで目を大きく見せる！

下まぶたにハイライトを入れることで、白目の部分を広く見せ、目元をより丸く大きな印象に仕上げます。つけまつげの影で目元が暗く見えてしまうのを防ぐ効果も。

Point 3
チーク＆リップはやさしいカラー！

目元を引き立てるため、チークやリップは主張しすぎず、コーラルやピーチなどの黄色味の入った肌なじみのよいカラーをチョイス。優しい色合いでやさしい雰囲気に仕上げましょう。

ここからSTART！

10ページ
ノーズシャドウを
入れたところから
START！

ダブルライン

ダブルラインは明るいカラーを先に塗ってから、濃いブラウンで影を作るようにラインをなぞります。さらに目尻側だけブラウンを塗ることで目元の立体感を強調しましょう。

目の丸みに合わせるように
目尻に色を乗せて

アイシャドウブラシ①にAのカラーを取り、目の丸みにそわせて色を乗せる。さらにアイシャドウブラシ②にBのカラーを取り細くラインを入れ、目尻側だけアイホールに色を乗せる。

A パウダーキス アイシャドウ
ストライク ア ポーズ ¥4,290（M·A·C）

B スモール アイシャドウ エスプレッソ
¥3,300（M·A·C）

アイシャドウ

アイホールには、繊細な金のラメが入ったアイシャドウを使用。きらっと光を集め、目元をより丸く、立体的に見せてくれます。ピンクがベースのカラーなので血色よくガーリーな印象に。

アイシャドウブラシ③にCのカラーを取り、目尻以外のアイホールを塗りつぶす。

Cスモール アイシャドウ エクスペンシブ ピンク
¥3,300 (M·A·C)

ハイライト

白目を広げるイメージで下まぶたの目のキワにハイライトを乗せて。目頭にもCの字を描くように広めにハイライトを入れることでパッチリした目元に仕上げます。

> 目の下のハイライトは、粘膜も下まつげもすべて塗りつぶすイメージで広く色を乗せて

アイシャドウブラシ②にDのカラーを取り、目の下のキワにハイライトを入れる。さらに目頭にCの字を描くようにハイライトを入れる。

Dマルチカラーバリエーション
MA23 ¥1,320 (チャコット)

下のアイシャドウ

影を広げるイメージで、下まぶたにもアイシャドウを入れ、目を丸く大きく見せましょう。

アイシャドウブラシ①で、目の下に乗せたハイライトに重ならないように気をつけながら、涙袋の上の目頭側はC、目尻側はAのカラーを乗せる。目尻側のCのカラーはダブルラインにつなげる。

下のアイライン

下まぶたにもアイラインを入れて目の丸みを強調します。

アイシャドウブラシ②にBのカラーを取り、涙袋の影にそってラインを入れる。

つけまつげ

つけまつげは上下まぶたにつけて、目をパッチリ華やかに仕上げましょう。つけまつげをつける前に、自分のまつげにマスカラをしっかり塗っておくことでさらに目元をくっきり見せましょう。

Eのマスカラを上下まつげに塗ってから、Fのつけまつげにグルーを塗って、アイラインの上に乗せて固定する。Gのつけまつげも同じようにグルーを塗り、下まつげの上に乗せて固定する。

Eパワーフィットマスカラ ボリューム ¥2,200 (チャコット)

Fつけまつげ S-62
¥1,540 (三善)

Gつけまつげ S-51
¥1,540 (三善)

つけまつげがしっかり固定できたら、Hのパレット★のカラーをアイシャドウブラシ②に取り、アイラインとダブルライン上のちょうど黒目の上の部分と、下のつけまつげの軸にそったライン、下のアイラインの黒目の下の部分の4ヵ所に色を乗せて立体感をプラス。

Hスモール アイシャドウ X9 セミ スウィート タイムズナイン ¥5,940 (M·A·C) ※販売終了

アイブロウ

目の丸みに合わせて、**ストレートではなくゆるめのアーチ型のテンプレートを使用**しましょう。つけまつげで目元が強調されているので、アイブロウもそれに合わせてやや濃くくっきり色を乗せて。**先に目元を仕上げてからアイブロウを入れることでバランスが取りやすく**なります。

テンプレートを眉におし当て、**B**のカラーで塗りつぶす。テンプレートを外したらスクリューブラシで毛の流れを整え、**I**のペンシルで毛を1本1本描くイメージで眉のすきまを埋め、眉尻のラインを少し長めに整える。

I ブラッシュアップアイブロウ ブラウン ¥1,760（チャコット）

チーク＆シェイディング

チークは頬骨の上に丸く入れることでチャーミングな雰囲気に仕上げましょう。肌になじむコーラルカラーでしぜんな印象に。

頬の⟨　⟩位置に**J**のカラーをブラシに取って、頬の中央に円を描くように乗せ、さらに頬骨にそって塗り広げる。おでこ、フェイスライン⟨　⟩の位置に**K**のカラーでシェイディングを入れる。

J ミネラライズ ブラッシュ
ライク ミー，ラブ ミー ¥4,730（M·A·C）

K マルチカラーバリエーションMA12
¥1,320（チャコット）

リップ

リップも肌なじみのよいカラーでかわいらしく。今回使用したのはイエローの入ったピンクのやさしいピーチカラーのリップです。

Lを紅筆に取り、唇（くちびる）の中央からはしに向かって輪郭を描いてから、そのなかを塗りつぶす。

L パウダーキス リップスティック
ステイキュリアス ¥4,400（M·A·C）

完成！

Vol. 7 フロリナ

フロリナ を表現するには？

フロリナのヴァリエーションが踊られるのは、『眠れる森の美女』第3幕の結婚を祝う場面。王女らしい気品と、祝いの場にふさわしい華やかさが大切です。また、童話のなかの登場人物でもあるため、少しファンタジーな雰囲気を出せるとGood。たとえば、青い鳥といっしょに踊るので、目元を鳥のようなくりっとした形に仕上げたり、ブルーの衣裳に合わせたカラーを使用したりして、夢の世界の雰囲気を表現しましょう。

Point 1
鳥をイメージした目元

いっしょに踊る青い鳥と雰囲気をそろえるため、鳥のようにくりっと丸く、目尻は横に流れるような目元に仕上げましょう。ダブルラインを丸い形に入れることで目元を丸く、上下のアイラインを長めに引くことで流線形の印象的な目元に。

Point 2
ブルーに合うグリーンで ハイライト

目頭には、ブルーの衣裳と相性がいいグリーンのカラーを入れて。ホワイトでハイライトを入れるよりも柔らかく優しい印象に仕上がります。

Point 3
チーク＆リップは ひかえめで愛らしいカラー

チークには青みの入ったピンクを選び、愛らしく仕上げましょう。リップにはミルキーなピンクを。あわいカラーを使用することで、かわいく＆王女らしく上品な印象に仕上げます。

ここからSTART！

10ページ
ノーズシャドウを
入れたところから
START！

アイライン

横にスッと流れるような目元に仕上げるため、アイラインは少し長めに仕上げましょう。

Aのアイライナーでアイラインを眉尻と同じくらいの長さにのばす。目をふせてライナーをスッと横に動かすと、きれいなラインに。

ラインの先端が細くなるように、力を入れずスッと線を引きましょう

Aパワーフィットアイライナー ブラック ¥1,650（チャコット）

ダブルライン

目元をくりっとした印象に仕上げるために、ダブルラインは丸い形を描くように色を乗せましょう。ピンクのカラーで優しくかわいい雰囲気に。

②のカラーを入れるときは、ブラシを肌に垂直に当て、軽い力でスッと細いラインを入れましょう

Bのパレット①のカラーをアイシャドウブラシ①に取り、目の丸みにそわせて色を乗せ、目尻はアイラインの端までつなげる。その上に②のカラーを細く重ねる。

B スモール アイシャドウ X 9：ダスキー ローズ タイムズ ナイン
¥6,050（M·A·C）※販売終了

もういちど①のカラーを取り、左右にブラシを動かしながら、ふたつのカラーをぼかし混ぜる。さらにダブルラインの工程を最初からもういちどくり返してハッキリ色を乗せたら、最後に目尻側だけ丸くぼかして柔らかい形に整える。

アイシャドウ

パールを乗せて華やかな印象に仕上げましょう。

アイシャドウブラシ③でCのカラーを取り、まぶた全体に塗り広げる。

まぶたが明るくなる程度でOK。黒目の上に乗せてから、左右にうすく塗り広げて

C マルチカラーバリエーション PE09　¥1,320（チャコット）

下のアイシャドウ

目尻側にラインをのばしスッと流れる印象に。目の下にはキラリと明るくハイライトを入れ、目を丸く大きく、明るい印象に見せましょう。

アイシャドウブラシ①でBのパレット①のカラーを取り、下まつげのはえぎわを避け、涙袋の上の、黒目の下から上のアイラインのはしまで色を乗せる。その上に③のカラーを①より細い幅で重ねる。アイシャドウブラシ②で②のカラーを③より細く重ねる。下まつげのはえぎわぞいに、目頭から目尻まで **C** のカラーを乗せる。

②のカラーは、上のアイラインと平行な線を描くイメージで横にスッと入れて。長さも上のアイラインにそろえましょう

目頭のアクセントカラー

目頭には衣裳に合わせてグリーンでハイライトを。柔らかく優しい印象に仕上げましょう。

D のカラーをアイシャドウブラシ②に取り、目頭にCの字を描くように色を乗せる。

D シャレナポップカラー ライムグリーン　¥1,650（三善）

つけまつげ

つけまつげはロングタイプのもので華やかに。長くのばしたアイラインのはしまでしっかり乗せましょう。

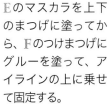

E のマスカラを上下のまつげに塗ってから、**F** のつけまつげにグルーを塗って、アイラインの上に乗せて固定する。

E パワーフィットマスカラ ボリューム　¥2,200（チャコット）

F つけまつげ S-5　¥1,540（三善）

アイブロウ

目の丸みに合わせて、ストレートではなくゆるめのアーチ型のテンプレートを使用しましょう。アイラインを長めに入れているので、眉尻がアイラインより外側になるよう少し長めに整えて。

テンプレートを眉におし当て、**G**のペンシルで塗りつぶす。テンプレートを外したらスクリューブラシで毛の流れを整え、眉尻のラインを長めに調整する。

Gブラッシュアップアイブロウ ブラウン ¥1,760（チャコット）

チーク＆シェイディング

チークは頬骨の上に丸く入れてかわいらしく仕上げましょう。青みがかったピンクでドリーミーな印象に。

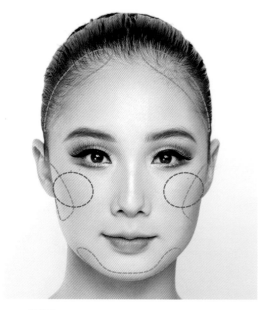

頬の（‾‾‾）の位置に**H**のカラーをブラシに取って、頬の中央に円を描くように乗せ、さらに頬骨にそって塗り広げる。おでこ、フェイスラインの（‾‾‾）の位置に**I**のカラーでシェイディングを入れる。

Hミネラライズブラッシュ バブルズ，ブリーズ
¥4,730（M·A·C）

IマルチカラーバリエーションMA12
¥1,320（チャコット）

リップ

リップは、優しい印象のミルキーなピンクをチョイス。口元を上品かつかわいらしい印象に仕上げましょう。

Jを紅筆に取り、唇の中央から端に向かって輪郭を描いてから、そのなかを塗りつぶす。

Jラスターガラス リップスティック セルアウト
¥4,400（M·A·C）

完成！

44

Vol.
8 ガムザッティ

ガムザッティ
を表現するには？

『ラ・バヤデール』は古代インドを舞台としたお話。主人公の舞姫、ニキヤの恋のライバルとして登場するガムザッティは、藩主の娘で権力も富も美貌も何もかもを持っているお姫さまです。インドのエキゾチックな雰囲気を出しながら、ゴージャスできらびやかなメイクをめざしましょう。また、アイブロウをくっきり入れると、ガムザッティの強気な性格を表現することができます。

Point 1
囲みアイラインでエキゾチックに

目をぐるりと囲むようにアイラインを入れることで、インドのエキゾチックな雰囲気を表現します。アイラインには、衣裳に合わせたブルーのカラーを重ねることで華やかな印象に。

Point 2
アイブロウをキリっと強い印象に

ストレートの型を使って、眉山がきゅっと上がった形に仕上げ、ガムザッティの気の強い性格を表現。アイラインをはっきり入れるぶん、アイブロウもラインをくっきりさせることで全体のバランスも整います。

Point 3
シェイディングで陰影をくっきりと

いつもよりも少しだけ濃くシェイディングを入れることで、顔の凹凸をくっきりさせて、エキゾチックな雰囲気をプラス。健康的な肌に見せるため、チークやリップもレッド系に統一し、血色感をアップさせましょう。

ここからSTART！

10ページ
ノーズシャドウを
入れたところから
START！

アイライン

目尻にアクセントをつけてキリっと強い印象に。さらに目をぐるりと囲むようにラインを入れて、エキゾチックに仕上げましょう。

ラインの端を起点に、目の中心に向かって線が細くなるようにラインを入れましょう

Aのライナーで、アイラインの目尻の端から目のくぼみにそってななめにラインを入れる。そのすきまを埋めるように放射状にこまかくラインを入れて目尻に小さな三角形を作る。

Aパワーフィットアイライナー
ブラック ¥1,650（チャコット）

Bのカラーをアイシャド
ウブラシ②に取り、目の
下のキワ、下まつ毛を塗

> 白目を広げるイメージで
> 目の下にホワイトを入れて。
> 目を大きく力強く見せます

りつぶすように色を乗せる。白く塗った部分の外側
にCのジェルライナーでラインを入れる。ラインの
端は、最初に描いた三角形の中心あたりにつなげる。
目頭側は目につなげてしまわずに、ほんの少しすき
まをあけておく。

B マルチカラーバリエーションMA23
　¥1,320（チャコット）

C ジェルライナー ブラック
　¥1,650（チャコット）

ダブルライン

おとなっぽいバーガンディで凹凸を強調し、華やかな
目元に。ダブルラインの内側、目尻側にも色を入れる
ことで彫（ほ）りが深くエスニックな印象がうまれます。

> 中心に向かって
> 色がうすくなる
> ように入れると
> 目の立体感が
> アップ！

Dのパレット❶のカラーを、アイシャドウブラシ①
に取り、目の丸みにそわせ、くぼんだところに色を
乗せる。さらにダブルラインの内側の目尻側にも、
目の1／3くらいのところまで色を乗せる。

D スモール アイシャドウ×9
バーガンディ タイムズナイン
　¥6,050（M·A·C）※販売終了

Dのパレット❷のカラーをダブルラインの上に重ね、
ぼかすように色をまぜる。

アイシャドウ

アイホールにはゴールドを乗せてゴージャスに仕上げ
ましょう。さらに、アイラインに重ねるようにブルーの
カラーを入れて、インドのエキゾチックで華やかな雰
囲気を表現します。今回はブルーのラインを入れます
が、衣裳が赤系の場合はレッドのラインにするなど、
衣裳に合わせて色を選びましょう。

Dのパレット❸のカラー
を、アイシャドウブラシ
③に取り、アイホールの
中央に乗せ、左右にブ
ラシを動かしてまぶた全

体に塗り広げる。さらに目頭にもCの字を描くよう
にゴールドを乗せる。

Eのカラーを、アイシャ
ドウブラシ②に取り、目
の下のアイラインに
そって細くラインを入
れる。アイホールは、
目尻のバーガンディの
カラーを乗せた部分は

さけて、アイラインに
そって細くラインを入
れる。

> つけまつげをつけたときに、ちょっぴり
> ブルーのラインが見えるくらいがGood！
> 上下アイラインの外側に
> 細くラインを入れましょう

E マルチカラーバリエーションMA21
　¥1,320（チャコット）

つけまつげ

つけまつげはロング＆ボリュームの華やかなものを使
います。

Fのマスカラを上下ま
つげに塗（ぬ）ってから、G
のつけまつげにグルー
を塗って、アイライン
の上に乗せて固定する。

F パワーフィットマスカラ ボリューム
　¥2,200（チャコット）

G つけまつげ S-62
　¥1,540（三善）

アイブロウ

キリっと強い印象にするために、ストレートタイプのテンプレートを使って、やや眉山を高く、つり上がったような形に仕上げましょう。

眉山が眉頭より高くなるようにテンプレートをおし当て、**H**のペンシルで塗りつぶす。テンプレートを外したらスクリューブラシで毛の流れを整え、ペンシルでへの字を書くように眉尻をきゅっと下げる。さらに**D**のパレット❶のカラーで眉をなぞり、アイメイクと統一感を出す。

> とくに眉の下のラインがくっきりするようになぞりましょう。さらに眉頭の毛を立たせるようにクリアマスカラをつけるとキリっと感がアップ

H ブラッシュアップアイブロウ ブラウン
¥1,760（チャコット）

チーク＆シェイディング

チークはななめにシュッと入れることでスタイリッシュな雰囲気に。シェイディングをいつもよりも濃く色がでるように重ねると、エキゾチックで魅力的な雰囲気がうまれます。

Iのカラーをブラシに取り、頬の◯◯◯の位置に頬骨にそってななめに入れる。おでこ、フェイスラインの◯◯◯の位置に**J**のカラーでシェイディングを濃く入れる。

I M・A・C ミネラライズ ブラッシュ ハッピー ゴー ロージー ¥4,730（M·A·C）

J マルチカラーバリエーションMA12
¥1,320（チャコット）

リップ

リップは、レッド系のカラーを使って血色感をアップさせつつ華やかに見せましょう。マットなリップを使用することで、少しおとなっぽく。

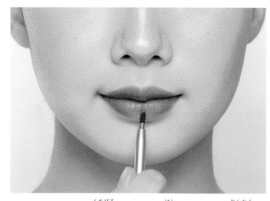

Kを紅筆に取り、唇（くちびる）の中央から端（はし）に向かって輪郭（りんかく）を描いてから、そのなかを塗りつぶす。

K パウダーキス リップスティック
カインダ ソアータ ¥4,400（M·A·C）

完成！

Vol.
9 コロンビーヌ

『アレルキナーダ』より

コロンビーヌ
を表現するには？

『アルレキナーダ』のコロンビーヌは、父親に反対されながらも、道化師である恋人のアルルカンとこっそり会えるのをわくわくしながら待っているとてもかわいらしい女の子です。ピンクをきかせてキュートにしあげるとコロンビーヌらしさを表現できます。また、アルルカンと雰囲気をそろえるイメージで、ポップさを表現できるとさらに素敵。ビジューで目元をかざったり、つけまつげを2枚つけたりしてにぎやかな印象を出しましょう。

Point 1
ピンク&パープルでガーリーに

アイホールには、パステルパープルとピンクのカラーを乗せて、コロンビーヌのかわいらしさを表現しましょう。ダブルラインにもピンクを重ねることでガーリーな目元に。

Point 2
キラキラのかざりでポップに

いっしょに踊るアルルカンと雰囲気を合わせるために、ビジューを目元にかざってポップな印象をプラスしましょう。

Point 3
つけまつげを重ねて印象的な目元に

ガーリーな印象を強めるため、つけまつげは2種類を重ねづけ。目頭から目尻までボリュームたっぷりのまつげで、くりっと丸く印象的な目元に。

ここからSTART！

10ページ
ノーズシャドウを
入れたところから
START！

ダブルライン

少しピンクの入った柔らかいブラウンのラインを入れて、目を丸く大きく見せましょう。

Aのパレット❶のカラーを、ブレンディングブラシに取り、目の丸みにそわせ、くぼんだところに乗せる。さらに❷のカラーを太すぎず大きすぎないブラシに取りラインの上に色を重ねる。

くぼみにそわせて
丸くラインを入れ、
目の丸みを強調！

Aスモール アイシャドウ×9　ダスキーローズ
タイムズ ナイン　¥6,050（M·A·C）※販売終了

アイシャドウ

パステルカラーをアイホールに乗せて、かわいらしさを強調しましょう。ピンク×パープルの2色使いでガーリーに。

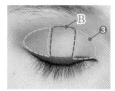

Bのカラーをアイシャドウブラシ③に取り、アイホールの中央の黒目の上に色を乗せる。その両サイドに、**A**のパレット③のカラーを乗せる。

Cのカラーをアイシャドウブラシ①に取り、黒目の上をさけてアイライナーの上に乗せ、アイホールに向かってぼかし広げる。

BマルチカラーバリエーションMA22
¥1,320（チャコット）

Cパウダー キス アイシャドウ レンズ ブラー
¥4,290（M·A·C）

> 涙袋の影にそって
> 目のはばと同じ長さになるようにみじかめにラインを入れて。
> 涙袋をふっくらさせると目の丸さが強調されて
> かわいらしさUP！

Aのパレット①のカラーを、アイシャドウブラシ②に取り、目の下の涙袋の影にそって乗せる。**D**のペンシルで涙袋の上をなぞって色を乗せ、その上に**B**のカラーを重ねる。

DカラーライナーペンシルC　ホワイト　¥1,320（チャコット）

Eのカラーをアイシャドウブラシ①に取り、上下のダブルラインの上にほんのり色を重ねる。

> ピンクを重ねて
> ガーリーに。上下のラインをなぞることで目をさらに丸く、ピンクカラーでかわいく見せましょう

EマルチカラーバリエーションMA27
¥1,320（チャコット）

アイブロウ

ゆるやかなアーチ型のテンプレートを使って、柔らかい印象の眉に仕上げましょう。

眉頭と眉山に合わせてテンプレートをおし当て、**A**のパレット①のカラーで塗りつぶす。テンプレートを外したらスクリューブラシで毛の流れを整え、ペンシルで眉尻を長く整える。

Fブラッシュアップアイブロウ ブラウン
¥1,760（チャコット）

つけまつげ

つけまつげは2種類を重ねづけして、ボリューム満点のキュートな目元に。目尻の長いタイプを使うことでインパクトが生まれます。

Gのマスカラを上下のまつげに塗る。**H**のつけまつげにグルーを塗り、その下に**I**のつけまつげを重ねてさらにグルーを塗り重ね、つけまつげどうしをくっつける。

グルーが半乾きになったら、アイラインの上に乗せて固定する。

Gパワーフィット
マスカラボリューム
¥2,200（チャコット）

Hつけまつげ101 ¥1,540（三善）
※販売終了

IつけまつげS-1 ¥1,540（三善）

チーク＆シェイディング

チークは、青みの入ったガーリーなピンクを使用。頬（ほお）に丸く入れることでかわいらしく仕上げましょう。

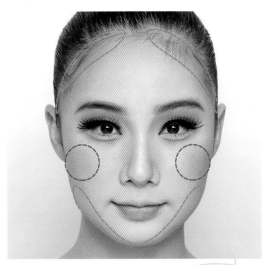

Jのカラーをブラシに取り、頬の◯◯◯の位置に丸く色を乗せる。おでこ、フェイスラインの◯◯◯の位置にKのカラーでシェイディングを入れる。

> チークは
> 小鼻の高さより
> 上に円を描くように色を
> 乗せることで、
> ふわっとかわいらしく
> 仕上げましょう

Jパウダー ブラッシュ
ピンク スウーン
¥4,290 （M·A·C）

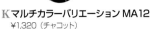

Kマルチカラーバリエーション MA12
¥1,320 （チャコット）

かざりつけ

キラリとかがやくビジューを目元にかざりつけて、ポップに！ ビジューをつける位置は、今回紹介した位置以外でもOK。自分に似合うビジューの位置を試して見つけましょう。

お好みのビジューにつけまつげ用のグルーをつけ、左の眉尻の下を頂点に目尻の横にひし形を作るように8個のビジューをそっと乗せる。右目の下にも1〜2個ビジューを乗せる。

> ビジューは
> 100円ショップなどで
> 売っている
> ネイル用のものでOK！
> 大小組み合わせたり、
> 衣裳に合うカラーを
> 選んだりして、
> 自分の好きなかざりを
> 考えてみてね！

リップ

濃いめのピンクで愛らしさを表現。目元に負けないくらいしっかり色を乗せるとキュートに仕上がります。

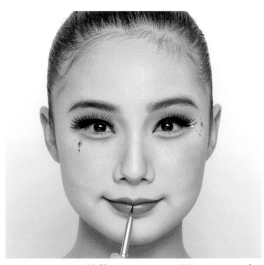

Lを紅筆に取り、唇（くちびる）の中央に乗せ、端（はし）に向かって輪郭（りんかく）を描きましょう。

Lラスターガラスリップスティック
フレンダ ¥4,400 （M·A·C）

完成！

Vol.
10 メドーラ

『海賊』より

メドーラ を表現するには？

『海賊』に登場するヒロイン、メドーラは美しいギリシャの娘。海賊の頭領コンラッドがひとめ見て恋に落ちてしまうほどの美貌の持ち主です。シェイディングとハイライトをいつもより濃いめに入れることで、ギリシャ彫刻のような立体感のある顔立ちをめざしましょう。また、ブラウンやゴールドをメインのカラーに使用すると、メドーラらしい地中海の明るい太陽を浴びたヘルシーな美しさを表現できます。

Point 1
ブラウン＆ゴールドで ナチュラルに

メドーラはお姫さまや妖精ではないふつうの女性です。ブラウンやゴールドといった肌になじむカラーを使ってナチュラルに仕上げることで、飾らない素の美しさを演出しましょう。

Point 2
凹凸をはっきり見せる！

ギリシャ彫刻のように、凹凸のハッキリした顔立ちであるかのように見せるため、肌なじみのよいシェイディングカラーをいつもより濃く入れましょう。仕上げにツヤのあるハイライトを重ねることで、さらに凹凸感をアップさせて、メリハリをつけましょう。

Point 3
リップはベージュで ヘルシーに

ヌーディーなベージュピンクのリップを使って口元にほんのりつやを乗せて。ここには濃いカラーを使用しないことで、ヘルシーな印象に仕上がります。

ここからSTART!

10ページ
ノーズシャドウを
入れたところから
START!

ベースカラー

最初に、肌より少し濃いカラーのクリームアイシャドウを塗って、目元に影を作りましょう。

Aを指に取り、上下まぶたに塗り広げる。上まぶたはアイラインをさけてアイホール全体に、下まぶたは涙袋にそって目頭から目尻まで塗る。

パンダの目の
黒い部分のように、
ぐるっと
目のまわり一周に
クリームアイシャドウを
塗り広げましょう

Aプロ ロングウェア ペイント ポット レーイン ロー
¥4,290（M·A·C）

ダブルライン

目元を立体的に見せるため、ブラウンで影を作るつもりでダブルラインを描きましょう。

Bのパレット❶のブラウンをブレンディングブラシに取り、目の丸みにそわせ、くぼんだところに乗せる。さらに❷の濃いブラウンをアイシャドウブラシ①に取り、くぼみに細くラインを入れる。

もういちど❶のカラーをブレンディングブラシに取り、目の丸みにそわせ、くぼんだところに色を重ねる。さらに目尻側（めじりがわ）を外に向かってぼかし広げる。

Bアート ライブラリー：ヌード モデル
¥8,800 (M·A·C) ※販売終了

アイシャドウ

ラメ入りのゴールドで、アイホールを少し明るく整えます。ゴールド系のカラーで肌をきれいに見せましょう。

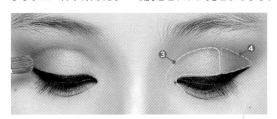

Bのパレット❸のゴールドを、アイシャドウブラシ③に取り、ダブルラインに重ならないように気をつけながら、目頭から黒目の上まで乗せる。❹のうすいブラウンを取り、アイホールの黒目の外側から目尻まで乗せる。

❸のカラーは、アイホールだけでなく目頭にもCの字を描くようにしっかり乗せましょう

下のアイシャドウ

ダブルラインと同じカラーで、目の下にもラインを入れましょう。目尻側に濃い色を乗せることで、少しおとなっぽい雰囲気（ふんいき）に。

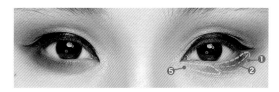

Bのパレット❶のカラーを、アイシャドウブラシ①に取り、下まぶたのまつげの生え際にそって涙袋に乗せるように、目尻から黒目の外側まで乗せる。その上に、❷のカラーで細くラインを入れる。❺のカラーをアイシャドウブラシ②に取り、目頭側に色を乗せる。

アイブロウ

ストレートタイプのテンプレートを使って、キリっとした形の眉（まゆ）を描きます。ダブルラインで使用したブラウンを使って、統一感を出しましょう。

眉頭と眉山に合わせてテンプレートをおし当て、Bのパレット❶のカラーで塗りつぶす。テンプレートを外したらスクリューブラシで毛の流れを整え、Cのペンシルで眉尻を長く整える。

Cブラッシュアップアイブロウ ブラウン ¥1,760（チャコット）

つけまつげ

細く繊細（せんさい）なアイラッシュを使うことで、ナチュラルで華やかな目元に仕上げましょう。

Dのマスカラを上下まつげに塗る。Eのつけまつげにグルーを塗り、グルーが半がわきになったら、アイラインの上に乗せて固定する。

Dパワーフィットマスカラ
ボリューム ¥2,200（チャコット）

E #80 ロマンティック
ラッシュ ¥1,980(M·A·C)

◥ チーク＆シェイディング ◣

シェイディングは、肌なじみのよいカラーをいつもより
しっかり濃く乗せて。さらにほんのりツヤのあるハイラ
イトを重ねて顔の凹凸を強調させましょう。

チークは
ベージュピンクでほんのりと。
血色感をアップさせる程度でOK。

頬の（◯◯◯）の位置に**F**のカラーをブラシに取り、頬
骨にそってななめに色を乗せる。おでこ、フェイス
ラインの（◯◯◯）の位置に**G**のカラーでシェイディン
グを濃く入れる。さらにおでこ、鼻、頬、顎の（◯◯◯）
の位置に**H**のカラーでハイライトを重ねる。

F パウダー ブラッシュ メルバ
¥4,290 (M·A·C)

G ブロンジング パウダー ゴールデン
¥3,740 (M·A·C) ※販売終了

H M·A·C ミネラライズ スキン フィニッシュ
ライトスカペード ¥5,830 (M·A·C)

◥ リップ ◣

リップは肌に近いピンクをチョイス。ナチュラルなつや
感があるきれいな口元に仕上げます。

Iを紅筆に取り、唇の中央に色を乗せて、は
しに向かって輪郭を描いてから、その中をて
いねいに塗りつぶす。

I パウダー キス リップスティックテディ 2.0
¥4,400 (M·A·C)

✦ 完成！

Vol. 11 オデット

『白鳥の湖』より

オデットを表現するには？

『白鳥の湖』のオデットは、白鳥にすがたを変えられてしまった悲劇のヒロイン。王子がひとめぼれしてしまうほどの美しさと、どこかはかない雰囲気をもっています。純白のアイカラーを使用することで、ハッと目を引く美しさと繊細さを表現。チークやリップも淡いカラーを選ぶことで、繊細な印象のメイクをめざしましょう。

Point 1

無彩色のアイメイクではかなく美しく

ダブルラインは肌になじむブラウンで凹凸の影をつくるだけのつもりでひかえめに入れ、ホワイトのアイカラーを引き立たせましょう。ほかのカラーを使用せずホワイトだけをポイントに使うことで、オデットの優美さ、はかなさを表現することができます

Point 2

アイブロウは軽やかに！

眉毛の毛流れを整え、立体感を出すことで、白鳥の羽根のように繊細で軽やかな印象の眉毛に整えましょう。

Point 3

ツヤを乗せて湖のきらめきをプラス！

リップやチークには、ひかえめなカラーでツヤが出るタイプのものを使用。湖の水面から反射する光を受けたようなみずみずしい印象に仕上げます。

ここからSTART！

> 10ページ
> ノーズシャドウを
> 入れたところから
> START！

ダブルライン

肌になじむブラウンでナチュラルな影を作り、目元に立体感をプラス。2色のブラウンをブラシでなじませることで、しぜんなグラデーションを作りましょう。

Aのパレット❶のうすいブラウンをブレンディングブラシに取り、目の丸みにそわせてまぶたのくぼみに乗せる。

アイシャドウブラシ①に❷のブラウンを取り、最初に引いたラインの上に色を重ねる。もういちど❶のカラーをブレンディングブラシに取り、ブラシを左右に動かして2つのブラウンの境界線まぜてぼかす。

Aアート ライブラリーヌード モデル
¥8,800（M·A·C）※販売終了

アイシャドウ

アイホールには繊細なかがやきのパールカラーのアイシャドウを乗せてつややかな印象に。アイラインにそわせてホワイトのラインを入れることでオデットの優美ではかない印象を表現します。

Aのパレット③のパールカラーをアイシャドウブラシ③に取り、アイホール全体に色を乗せる。

Bのペンシルでアイラインにそわせて目頭から目尻までラインを入れる。目尻よりほんの少し長くラインをのばす。さらにCのホワイトのカラーをアイシャドウブラシ②に取って、ラインの上に重ねる。

> ペンシルの上からアイシャドウを重ねることで、ホワイトの発色をよりはっきりさせましょう

B カラーライナーペンシル
クレヨンタイプ ホワイト
¥1,430（チャコット）

C マルチカラーバリエーション
MA23 ¥1,320（チャコット）

下のアイシャドウ

上まぶたに入れたホワイトのラインからつながるように、下まぶたの目頭側にもホワイトのカラーを入れましょう。目尻側にはブラウンで影を作り立体感を強調。

Aのパレット②のブラウンをアイシャドウブラシ①に取り、下まぶたのまつ毛のはえぎわにそわせて涙袋のはばで、目尻から黒目の下まで乗せる。その上に、④の濃いブラウンを同じブラシに取り、細いラインでなぞる。

目頭側にはBのペンシルで色を乗せる。目の粘膜のぎりぎりの部分から涙袋のはばで色を乗せる。さらにその上にアイシャドウブラシ②でCのカラーを乗せる。

アイブロウ

メイク全体の色味を統一させるため、グレーブラウンのペンシルを使って、色味をおさえましょう。眉毛の毛流れにそうように形を整えて軽やかな印象に仕上げます。

眉頭と眉山に合わせてテンプレートをおし当て、Aのパレット②のブラウンで塗りつぶす。テンプレートを外したらスクリューブラシで毛の流れを整え、Dのペンシルで眉尻を長く整える。

D ブラッシュアップアイブロウ グレーブラウン
¥1,760（チャコット）

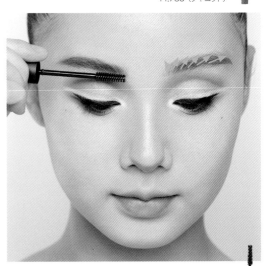

Eのブロウセットで眉頭から眉尻まで毛流れにそわせて、毛を根元から起こすように整える。

E ブロウ セット クリア ¥3,300（M·A·C）

つけまつげ

目元のホワイトのラインをかくしてしまわないように、つけまつげは少しだけボリュームが出るタイプのものを選びましょう。鳥らしい雰囲気を出したい場合には、目尻側が長くボリュームがあるタイプを使ってもOK。

Fのマスカラを上下まつげに塗る。**G**のつけまつげにグルーを塗り、グルーが半透明になったら、アイラインの上に乗せて固定する。

F パワーフィットマスカラ ボリューム
¥2,200（チャコット）

G つけまつげ S-78
¥1,540（三善）

チーク＆シェイディング

じゅわっと内側から色づいているようなしぜんな血色感とつややかさを出すために、クリームチークをスポンジでトントンとたたくように色を乗せましょう。

頬の（　　）の位置に、**H**のクリームチークをスポンジに取り、頬骨にそってトントンとたたいて色を乗せる。おでこ、フェイスラインの（　　）の位置に**I**のカラーでシェイディングを入れる。

H グロー プレイ ブラッシュ ブラッシュ、ブリーズ ¥4,730（M·A·C）

I マルチカラーバリエーション MA12 ¥1,320（チャコット）

リップ

リップにはツヤ感のあるやさしいレッドピンクをチョイス。湖の水面で反射する光を受けたようなつややかな印象の口元に仕上げましょう。

Jを紅筆に取り、唇の中央に色をのせ、端に向かって輪郭を描いてから、そのなかをていねいに塗りつぶす。

J マルチカラーバリエーション GL03
¥1,320（チャコット）

完成！

Vol. 12 オディール

『白鳥の湖』より

オディール
を表現するには？

『白鳥の湖』のオディールは、悪魔ロットバルトの娘。オデットのふりをして王子を誘惑します。王子をまどわすために、ただ美しいだけでなく、なぜか目がはなせなくなってしまうようなミステリアスな雰囲気を表現するのがポイント。キリッと力強い眉と、ボリューム感のあるつけまつげ、カラフルなアイメイクで、まるで仮面をつけているかのような美しくもミステリアスな雰囲気に仕上げましょう。

Point 1

ゴージャスで
ミステリアスな目元に！

アイホールにはラメ入りのブラックとブルー、目頭にはオレンジ、目尻にはピンクのカラーを乗せ、豪奢な仮面をつけているかのように華やかに仕上げます。羽毛のようにボリューミーなつけまつげでゴージャスで魅惑的な目元に。

Point 2

アイブロウはキリッと強く！

アイブロウジェルを使って眉毛1本1本を起こして立たせ、キリッとした雰囲気を出しましょう。オディールの強気な性格を眉毛で表現します。

Point 3

リップはレッドで妖艶に！

リップには赤みが強いカラーを使い、悪魔の妖艶なイメージを表現しましょう。チークはシェイディングと同じブラウン系を使うことでかわいらしさをおさえ、立体感のあるおとなっぽい印象に。

ダブルライン

肌になじむブラウンでナチュラルな影を作り、立体感をプラス。目尻側に色を乗せ、スッと横に長くおとなっぽい目元を作りましょう。

ここからSTART！

10ページ
ノーズシャドウを
入れたところから
START！

Aのパレット❶のカラーをブレンディングブラシに取り、目の丸みにそわせてまぶたのくぼみに色を乗せ、目尻側にぼかし広げる。❷のカラーをアイシャドウブラシ①に取り、❶の上に重ね、もういちど❶のカラーをブレンディングブラシに取りふたつの色の境界線をぼかす。

Aアート ライブラリー
ヌード モデル
¥8,800（M·A·C）
※販売終了

アイシャドウ

ダブルラインのすぐ下にブルーのラインを入れてアクセントに。さらにアイホール全体にラメの入ったブラックを塗り広げてゴージャスな印象に。

Bのカラーをアイシャドウブラシ①に取り、ダブルラインのすぐ下にラインを入れる。

目尻に向かって太く濃くなるようにラインを入れましょう

Cのカラーをアイシャドウブラシ①に取り、アイラインのすぐ上にラインを引いてから、ダブルラインの下まで塗り広げる。

車のワイパーのようにブラシを左右に動かしてアイホール全体に色を乗せることで、自然なグラデーションに

B エクストラ ディメンション アイシャドウ ルーナー ¥4,290（M·A·C）

C マルチカラーバリエーションME02 ¥1,320（チャコット）

下のアイシャドウ

濃いブラウンで目元に影を作ったあと、ピンク&オレンジのカラーをプラスして、さらに華やかでゴージャスな雰囲気に仕上げます。

アイライナーを使って下まつげのはえぎわギリギリにラインを入れましょう。長さは上のアイラインと同じ長さまで

Aのパレット③のカラーをアイシャドウブラシ①に取り、下まぶたのまつ毛のはえぎわにそわせて涙袋のはばで、目尻側から黒目の下まで色を乗せる。その上に、Dのアイライナーで細くラインを入れる。Aのパレット②のカラーをアイシャドウブラシ②に取り、ラインの下に色を乗せる。

EのピンクとFのオレンジをそれぞれアイシャドウブラシ②に取り、Eを目尻側の上下アイラインのすきまに、Fを下まぶた目頭側にスッと細くラインを入れる。

D パワーフィットアイライナー ブラック ¥1,760（チャコット）

E マルチカラーバリエーション MA06 ¥1,320（チャコット）

F マルチカラーバリエーション MA07 ¥1,320（チャコット）

アイブロウ

眉山に角度をつけて、キリっとした雰囲気に。さらにアイブロウジェルで眉毛1本1本を立て起こして、強気な印象に仕上げましょう。

眉頭と眉山に合わせてストレート型のテンプレートをおし当て、Aのパレット③のカラーで塗りつぶす。テンプレートを外し、Gのペンシルで眉山に山を描き、眉全体の毛のすきまを埋め、眉尻を少し長めに整える。

G ブラッシュアップアイブロウ ブラウン ¥1,760（チャコット）

Hのジェルで眉頭から眉尻まで、ブラシを縦に動かして毛の1本1本を立たせる。

H ブロウ セット クリア ¥3,300（M·A·C）

つけまつげ

羽のようにふさふさとした、ボリューム感たっぷりのタイプを使います。とくに目尻側のまつ毛が長くなっているとおとなっぽく妖艶で魅惑的な雰囲気を出すことができます。

Iのマスカラを上下まつげに塗る。Jのつけまつげにグルーを塗り、グルーが半透明（はんとうめい）になったら、アイラインの上に乗せて固定する。

I パワーフィットマスカラ
ボリューム
¥2,200（チャコット）

J つけまつげ C-8 ¥1,540（三善）

チーク＆シェイディング

チークとシェイディングのカラーを統一することで、かわいらしさをおさえ、立体感のあるおとなっぽい印象に仕上げます。

頬（ほお）の（____）位置にKのカラーを頬骨にそってななめにサッと入れる。おでこ、フェイスラインの（____）の位置にもKのカラーでシェイディングを入れる。

K M・A・C ミネラライズ スキンフィニッシュ／
ナチュラル ダーク ディープ ¥5,390（M・A・C）

リップ

リップにはツヤ感のあるレッドを乗せてちょっぴり色っぽい印象に。今回使用しているのは少しオレンジが入ったレッドですが、自分の肌に合わせて深紅やローズ系のレッドを使ってもOK。

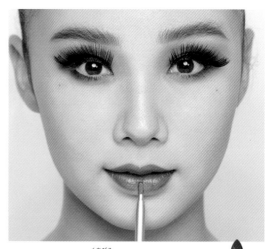

Lを紅筆に取り、唇（くちびる）の中央に色を乗せ、はしに向かって輪郭（りんかく）を描いてから、そのなかをていねいに塗りつぶす。

L ラスターガラス リップスティック ピーディーエー
¥4,400（M・A・C）

完成！

ボーイズ編 王子

基本の王子メイク

最初に紹介するのは、デジレやジークフリートなどの王子さまにぴったりな正統派の舞台メイク。どんな役にも応用できる基本のメイクです。肌になじむブラウンで目元や輪郭に陰影を作り、立体的ではっきりした顔立ちになるように仕上げます。ほんのりチークを入れて血色感をアップさせ、口もとにはツヤのあるリップを使用することで華やかな王子を表現しましょう。

Point 1

横長の目元でクールな印象に！

目の縦幅が広がらないように意識しましょう。目尻側に広げるようにダブルラインを入れたり、目の形にそわせて目の下のラインを入れたりして、スッと横に流れる目元を作ると涼やかでカッコいい印象の目元に仕上がります。

Point 2

ピンクのチーク&リップで麗しく！

王子さまらしい気品のある雰囲気を表現するために、チーク&リップはあえてピンクを使用。血色感を上げる程度にほんのり色を乗せれば、かわいらしくなりすぎずに、上品で麗しいイメージに仕上げることができます。

ベースメイク

男性は汗や皮脂が出やすいため、ベースをどれだけしっかり作れるかがポイント。汗・皮脂に強い水溶きタイプのファンデーションを使用することでくずれにくい土台を作っていきましょう。

顔に髪がかからないよう、クリップやピン、ヘアバンドなどでしっかり固定してから、ふきとり化粧水をコットンになじませ、顔のよごれを落とす。

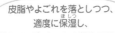
> 皮脂やよごれを落としつつ、適度に保湿し、肌のコンディションを整えておくとメイクがくずれにくくなります

水でぬらして硬く絞ったスポンジでAのファンデーションを取り、顔の中心から外側に向かって塗り広げる。

> 人差し指をくるむようにスポンジをもち、下から上に転がして押しつけるように塗ると、毛穴をキレイに埋めることができます

A フェースケーキ3N
¥2,530（三善）

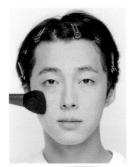

パフにBのパウダーを取り、肌に優しくおし当てるように顔全体にまんべんなく乗せる。肌がサラサラになったか確認し、パウダーブラシでよぶんなパウダーをはらい落とす。

> 水溶きタイプのファンデーションだけだとくずれてしまうという人は、スティックファンデーション→パウダー→水溶きタイプのファンデーション→パウダーの順で重ね塗りしてみて！

B
ソフトベールパウダー
TL-1透明 ¥3,190（三善）

指にCのアイベースを取り、まぶたから眉下まで上まぶた全体と下まぶたに広く塗る。眉頭の下のへこんでいるところにも塗る。

C M・A・C プレップ プライム 24アワー エクステンド アイ ベース ¥3,960（M・A・C）

ハイライト

骨の出っぱった部分にハイライトを入れて立体的な顔立ちに。骨の凹凸を手でふれて確かめて、骨格を生かしたナチュラルな立体感を出しましょう。

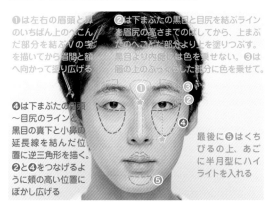

❶は左右の眉頭と鼻のいちばん上のくぼんだ部分を結ぶVの字を描いてから眉間と額へ向かって塗り広げる

❷は下まぶたの黒目と目尻を結ぶラインを眉尻の高さまでのばしてから、上まぶたのへこんだ部分よりも上を塗りつける。黒目と内側のくぼんだ部分は色を乗せない。❸は眉の上のふっくらした部分に色を乗せて。

❹は下まぶたの目頭～目尻のラインと、黒目の真下と小鼻の延長線を結んだ位置に逆三角形を描く。❷と❹をつなげるように頬の高い位置にぼかし広げる

最後に❺はくちびるの上、あごに半月型にハイライトを入れる

ハイライトブラシに**D**のカラーを取り、眉間、眉の上下、頬、顎の（ ）の部分を塗りつぶす。

D マルチカラーバリエーションMA23 ¥1,320（チャコット）

アイライン

目を開けたときに少し見えるくらいの太さにアイラインを入れましょう。手がふるえてうまく描けない場合は、いちどペンシルなどで下書きしてからリキッドライナーでなぞると失敗しません。

E のライナーで目の形にそってラインを入れる。黒目の上、黒目から目尻へ、目頭から黒目、というように少しずつ短くライ
ンを入れていき、目を開けたときに綺麗に見えるように太さや長さを調整する。

E パワーフィットアイライナー ブラック ¥1,650（チャコット）

ノーズシャドウ

上まぶたのくぼみの上、ハイライトを入れなかった目頭側にシャドウを入れることで、スッと立体的な鼻すじに。

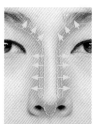

F のカラーをアイシャドウブラシ①に取り、ハイライトを入れた部分に重ならないように、（ ）の部分に色を乗せ、矢印の方向に向かってぼかし広げる。左右の鼻の穴の間にも色を乗せる。

F ケイト ザ アイカラー 039 ¥715（編集部調べ／カネボウ化粧品）

ダブルライン

肌なじみのよいブラウンのグラデーションで目元に陰影をつけ、立体感を出しましょう。目尻側に色を塗り広げることで、横長の涼やかな目元に。

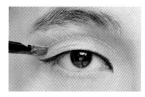

まぶたのくぼみにそってラインを入れてから、目尻側だけ横にのばすように色を塗り広げることで横長の目元に

G のブラウンをブレンディングブラシに取り、目の丸みにそわせてまぶたのくぼみに色を乗せ、目尻側にぼかし広げる。**H** のブラウンをアイシャドウブラシ①に取り、**G** の上に重ねる。

G マルチカラーバリエーションMA12
¥1,320（チャコット）

H マルチカラーバリエーションMA10
¥1,320（チャコット）

アイシャドウ

肌に近いベージュをアイホールに乗せて明るい目もとに。アイラインの上にブラウンを重ねることでラインに奥行きをもたせてよりナチュラルな印象に仕上げます。

I のパレット❶のカラーをアイシャドウブラシ①に取り、アイホール全体に色を乗せる。さらに**H**をアイシャドウ②ブラシに取り、アイラインの上をなぞる。

I フィックス スカルプト ＆ シェイプ コントアー
パレット ミディアム ダーク／ダーク ¥7,590（M·A·C）

下のアイシャドウ

ダブルラインと同じカラー、同じ手順で自然な影を作ったあと、ブラックのライナーで細くシンプルなラインを入れます。目尻、目頭にハイライトを加えることで流れるような横長の目を強調！

ハイライトは上のアイラインと同じ長さまでしっかりのばしましょう

Gをアイシャドウブラシ①に取り、涙袋の陰にそってラインを入れ、その上を**H**のカラーをアイシャドウブラシ②に取り、なぞる。さらに**E**のライナーで細くラインを重ねる。さらに**D**のカラーを取り、目頭から目尻まで、涙袋の上にハイライトを入れる。

アイブロウ

ストレートタイプのテンプレートを使って、柔らかい雰囲気の眉に。ダブルラインと同じカラーを使用することで統一感を出しましょう。

眉頭と眉山に合わせてストレート型のテンプレートをおし当て、**H**のカラーで塗りつぶす。テンプレートを外し、**J**のペンシルで眉毛のすきまをうめ、眉尻を少し長めに整える。

J ブラッシュアップアイブロウ ブラウン ¥1,760（チャコット）

チーク＆シェイディング

シェイディングをしっかり入れることで、シュッと小顔に仕上げましょう。さらにほんのりチークを入れることで血色感アップ。王子さまの麗しい雰囲気を表現しましょう。

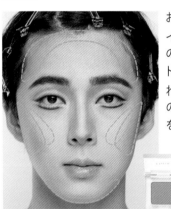

おでこ、フェイスライン、頬の 〔　〕 の位置に**I**のパレット❷のカラーを入れる。頬の 〔　〕 の位置に**L**のカラーをさっと乗せる。

L マルチカラーバリエーションMA01 ¥1,320（チャコット）

頬のシェイディングは、耳の穴方向から頬骨にそってななめにサッとラインを入れたあと、ななめ下に向かってぼかし広げましょう

リップ

リップは肌なじみのいいピンクを使用。ツヤのあるタイプを使用することで上品な印象に。

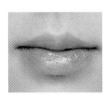

Mを紅筆に取り、唇の中央に色をのせ、端に向かって輪郭を描いてから、そのなかをていねいに塗りつぶす。

M マルチカラーバリエーションGL05 ¥1,320（チャコット）

チーク＆リップを変えて「村の青年」メイクに！

今回の「王子さま」メイクは王道の舞台メイクなので、チークやリップのカラーを変えることで、さまざまな役に応用することも！ たとえば、フランツやコーラスといった「村の青年」なら、王子さまよりも少しそぼくな雰囲気がぴったり。チークは入れずにシェイディングのみを入れ、リップをベージュ系のカラーにすることで、柔らかくナチュラルな「村の青年」風に仕上げることができます。

Nのペンシルで唇の輪郭をなぞってから、内側を塗りつぶす。

N リップ ペンシル ストリップ ダウン ¥3,410（M·A·C）

チークを入れずにそぼくで健康的な印象に！

完成！

ボーイズ編 **バジル**

『ドン・キホーテ』より

応用編
バジルのメイク

基本のメイクを応用した『ドン・キホーテ』のバジルのメイクを紹介します。スペインの港町、バルセロナで、町一番の人気者のキトリと恋人同士のバジル。スパニッシュの情熱的な雰囲気を表現するために、王子さまよりもちょっぴり濃くキリっとしたメイクをめざしましょう。

Point 1

濃いめのベースメイクで日焼け風に!

ファンデーションのカラーのトーンを暗くし、ノーズシャドウをくっきり入れて。スペインの明るい太陽を浴びて日焼けした肌を表現します。

Point 2

アイブロウもキリっと!

眉山をくっきり描き、アイブロウジェルで毛流れを整えることでキリっとした眉に。グレーブラウンのペンシルでハッキリした眉に仕上げましょう。

ベースメイク

首の色となじむ程度の暗いカラーでベースを作ります。ファンデーションに濃いカラーを使うことで、顔全体がキリリと引き締まった印象に。

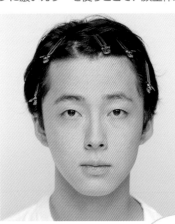

水でぬらして硬くしぼったスポンジで**A**のファンデーションを取り、顔の中心から外側に向かって塗り広げる。
王子メイクと同様の手順でアイベースまで塗り終わったら、眉頭下と目のくぼみの間の、くぼんだ部分(ノーズシャドウが入る位置)にも**B**のアイベースを塗る。

王子さまメイクと同様の手順でハイライト、アイライン、ノーズシャドウまで入れたあと、**C**のパレット★のカラーをノーズシャドウに重ねる。

この位置にアイベースを塗っておくと、ノーズシャドウが濃くハッキリと発色!よりほりの深い顔立ちに!

A フェースケーキ7N ¥2,530(三善)

B M・A・C プレップ プライム 24アワー エクステンド アイ ベース ¥3,960(M・A・C)

C フィックス スカルプト & シェイプコントアー パレット ミディアム ダーク／ダーク ¥7,590(M・A・C)

ダブルライン

王子さまメイクよりも濃いブラウンを使用することで、凹凸感を強調した顔立ちに！

> まぶたのくぼみにそってラインを入れてから、目尻側だけ横にのばすように色を塗り広げて

Dのパレット①のうすいブラウンをブレンディングブラシに取り、目の丸みにそわせてまぶたのくぼみに色を乗せ、目尻側にぼかし広げる。②のブラウンをアイシャドウブラシ①に取り、①の上に重ねる。肌に対しブラシを垂直に立てて優しく動かすことで②は①より細いラインに。

D スモール アイシャドウ×9 セミ スウィート タイムズ ナイン ¥6,380 (M·A·C) ※販売終了

下のアイシャドウ

ライナーは使わずに、ダブルラインと同じカラーでラインを入れることでより自然な影のような印象に。王子さまよりもちょっぴりミステリアスでクールな印象が生まれます。

Dのパレット①のカラーをアイシャドウブラシ①に取り、涙袋の上に、目の形にそったラインを入れ、その上に②のカラーをアイシャドウブラシ②に取り、なぞる。さらに、アイシャドウブラシ①に③のカラーを取り、目頭、目尻、アイホールに乗せ、アイシャドウブラシ②に④のカラーを取り、アイラインの線の上をなぞる。

アイブロウ

ストレートタイプのテンプレートで眉を描いたあと、ペンシルを使って眉山を書き足して、キリっと強い印象の眉に仕上げます。

眉頭と眉山に合わせてストレート型のテンプレートをおし当て、Dのパレット②のブラウンで塗りつぶす。テンプレートを外し、Eのペンシルで眉山に三角形を描くように角度をつけてから毛のすきまを埋め、眉尻を少し長めに整える。

E ブラッシュアップアイブロウ グレーブラウン ¥1,760 (チャコット)

Fのブロウセットで眉頭の毛を立たせ、眉尻に向かって毛流れを整える。

F ブロウ セット クリア ¥3,300(M·A·C)

シェイディング

ブラウンでシェイディングを濃いめに入れることで、さらに立体感をプラス。首すじにもシェイディングを入れることで、よりクールな印象に。

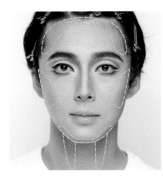

おでこ、フェイスライン、頬、首すじの◯◯の位置にCのパレット★のカラーを乗せる。

リップ

リップは日焼けしたような肌の色に合うレッドブラウンを使用しましょう！ペンシルで輪郭を描いてからリップを塗ることで立体的で魅力的な印象がうまれます。

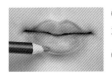

Gのペンシルで唇の輪郭をなぞる。

G リップ ペンシル コルク ¥3,410 (M·A·C)

Hを紅筆に取り、唇の中央に色を乗せペンシルで描いた輪郭の内側をていねいに塗りつぶす。

H リップ スティック (マット)アンティーク ベルベット ¥3,960 (M·A·C)

完成！

バレリーナの舞台メイク

舞台でより美しく輝くためのメイク。バレリーナはどんなところを意識しているの？
3名のダンサーにこだわりポイントを教えてもらいました！

写真／深谷義宣（auraY2）

Shoko Nakamura
中村祥子

「 メイクは舞台に立つ私へと切りかえるためのもの。
役ごとに決めてしまわずに、その日の私にとって
ベストなメイクを毎回探すようにしています 」

Akira Akiyama
秋山 瑛

「 メイクはコンプレックスを隠すためのものではなく
"こうだったらいいのにな"を叶えてくれるもの。
自分の顔を活かしながら、
作品の世界に合うメイクを研究しています 」

Hiroe Abe
阿部裕恵

「 舞台メイクで大切なのは、鏡の前での美しさよりも、
ステージに立ったときにどう見えるのかということ。
舞台ごとにメイクも振り返ってみて、
つねにアップデートしつづけています 」

メイクで スイッチオン！

中村祥子

Shoko Nakamura

撮影協力／チャコット代官山本店

なかむら・しょうこ
佐賀県生まれ。6才よりバレエを始める。96年ローザンヌ国際バレエコンクールでスカラシップ賞テレビ視聴者賞を受賞し、ドイツのジョン・クランコ・スクールに留学。98年に卒業後、シュツットガルト・バレエ、ウィーン国立歌劇場バレエを経て06年ベルリン国立バレエに移籍。翌年プリンシパルに昇格。13年ハンガリー国立バレエにプリンシパルとして移籍。15年よりKバレエカンパニーに在籍し、20年に退団し名誉プリンシパルに。現在はフリーのダンサーとして精力的に活動中。

　舞台メイクは、ふだんの私から舞台に立つ私へと切り替えるためのスイッチ。鏡に向き合った素顔の自分が、リップを塗り終えるころには、作品の世界、役に入りこんでいる、というようにメイクの時間は私にとってとてもとくべつな時間です。ただ、役柄を意識してリップカラーを選ぶことはあっても、「この役はぜったいにこのメイク」というのはとくに決めていません。なぜなら同じオデットでもアイラインをキリっと描けば芯の強さを、目尻の下がった細いラインを引けば儚げなようすを表現したくなるというよう

に、メイクには踊りの方向性にも影響を与える力があるからです。たとえば、Kバレエカンパニーで踊った『カルメン』では、目元にちょんとほくろを描いていて。客席からは見えないほどの小さな点を加えただけなのに、自分自身がいつもより色っぽくなった気

がしてよりカルメンらしく踊れるようになったなんていうこともありました。ほんとうに小さなこだわりをもつだけでも、メイクが与える影響というのはとても大きいもの。ですから、コンディション、衣裳のデザイン、舞台の規模などをひっくるめたうえで、「その日

の私にベストなメイク」をするようにいつも心がけています。

でもじつは、私も生徒時代はメイクへのこだわりはとくになく、ただなんとなく先生に教わったとおりの方法でしかメイクをしていませんでした。それが変わったのは、海外に出てからのこと。ヨーロッパのダンサーはみんなメイクがシンプルで。ゴテゴテとラインを描いたり色を乗せたりしていないぶん表情がはっきりと伝わり、自然な笑顔が見えるのがとても魅力的に感じたんです。表情をしっかり伝えるには自分の顔を無視せずに、もとのパーツを活かしたメイクでなければならないのだとハッとして。それ以来、ヘアメイクの方にテクニックを教わったり、先輩ダンサーの真似をしてみたりして、「ほんとうに表現したいことが伝わるメイク」を研究するようになりました。

そうしてたどりついたのが、赤茶系のアイカラーを使いナチュラルな立体感を表現するメイク。役によってはブルー系のアイシャドウを使用することもありますが、しぜんな陰影をつけるには、肌に

Favorite Items

私が長いあいだずっと愛用しつづけているのが、チャコットのファンデーションの「ナチュラル」。この上にパウダーをはたいておけば、汗をかいてもくずれにくいところが気に入っています。リップはドイツのバレエ団で踊っていたときに買ったもの。さまざまなカラーがひとつのパレットにおさまっていて、その日どんな表現をしようかと考えながら色を選べてとてもべんりです。いちど使いきってしまったので、わざわざドイツから取り寄せ、これは2代目のパレットなんですよ。

なじむ赤茶系のカラーがいちばん使いやすいように思います。そしてダブルラインはぼかして入れつつ、つけまつげは2枚重ねに。そうするとラインを描きすぎることなく、自然な印象のまま目元に存在感を出すことができるんですよ。でも、これはあくまでも私の場合のこと。人によってはつけまつげをつけすぎると表情が伝わらなくなってしまう人もいれば、ダブルラインをはっきり描いたほうが魅力的に見えるという人もいて、メイクに正解なんてないのだと思います。大切なのは、まずは自分の顔をよく研究すること。その上で、「こうしたらもっとよくなるはず！」と考えながらいろいろ試していく必要があると思います。バレエのレッスンで先生にいわれたことだけを意識していてもなかなか上達できないのと同じように、メイクでもどうすれば自分を素敵に見せられるかを考え、自分だけの表現を見つけていくことがとても重要です。メイクが変われば踊りにもきっと影響があるはず。自分なりのこだわりをもって、ぜひいろいろ試してみてくださいね！

Back Stage

ベルリン国立バレエで踊っていたころの、楽屋で舞台メイクをしている写真です。右は『白鳥の湖』。私はオデットとオディールのちがいを踊り方で表現したいので、とくにメイクは直さず、リップの色だけ変えるようにしています。左は『ラ・バヤデール』。このときはパープル系のアイシャドウで神秘的（しんぴてき）な雰囲気（ふんいき）を表現できるように心がけてみました。

「白鳥の湖」
写真／maria-helena

メイクも作品の一部

秋山 瑛（あきやま あきら）

東京バレエ団
（プリンシパル）

Akira Akiyama

　東京バレエ団では、古典作品のほかにも、ベジャール振付の現代的な作品を踊る機会もあり、それぞれ作品ごとにちがったメイクをしています。『ボレロ』や『春の祭典』では、衣裳もメイクもシンプルで、ボレロの円卓（えんたく）のまわりで踊っている男性陣はなんとメイクなし。いっぽう『ザ・カブキ』という作品では、本物の歌舞伎役者（かぶきやくしゃ）の方がやっているのと同じ方法で、鬢付け油（びんつけあぶら）を顔に塗り、頬（ほお）や目元に朱色を重ね、その上を白塗りしていくんです。21年に上演した金森譲（かなもりじょう）さん振付の『かぐや姫』では、姫の子ども時代の踊りということもあり〝メイクはうすめに〟という指定がありました。このように、一つひとつの作品ごとにメイクもさまざま。私自身、あまりこだわりがないほうなのですが、作品の世界を表現するための方法として、メイクを勉強することはバレリーナとしてとても重要なことだと思っています。

　私がメイクするときにこだわっているのはアイメイク。アイラインを太く濃く描いたり、つけまつげにボリュームをもたせすぎたりすると、目の全体が黒っぽく見えてしまいがち。そうするとどこを見ているのか、どんな表情をしているのかがお客さまに伝わりづらくなってしまうのだと、芸術（げいじゅつ）監督の斎藤友佳理（さいとうゆかり）さんに教えていただきました。そのため、私の場合はつけまつげはロングタイプでボリュームの少ないものを選び、アイラインも細めに入れることにしています。さらに目頭と目尻にホワイトでハイライトを入れることで、白目を大きく見せる効果もプラス。黒目の動きがはっきりわ

Favorite Items

コスメはチャコットのものを愛用。左上はフェイスパウダー、そのとなりが6色パレット。ブラウンは、アイブロウやアイシャドウなどで1番よく使っていて、その下にあるメイクアップバリエーションのグレーカラーと混ぜて使っています。その左のふたつはスティックファンデーションとアイライナー。いちばん右あるのがつけまつげ用ののり。このアイテムだけチャコットのものではありませんが、キトリではお面をかぶることもあり、踊っている間につけまつげが取れてしまうとこまるので、いちばん接着力が強いものを使っています。

『ドン・キホーテ』より
写真／Kojiro Yoshikawa

かるようにし、感情を目線に乗せて伝えられるようにくふうしています。

　私は一重なので、ダブルラインをぼかしながらもしっかり入れたり、目の下にもアイラインを入れたりすることで目元に立体感を作るようにしているのですが、もともとぱっちりした二重の人が同じメイクをしたら少しどくなってしまうかもしれません。メイクでいちばん大切なのは、まずは自分の顔立ちをよく理解すること。もし、メイク方法を調べるのなら、素顔が自分と似た顔立ちのバレリーナのメイクを真似するのがおすすめです。舞台メイクは、自分のコンプレックスを隠すためのものではなく、自分を魅力的に見せるため、その役柄らしく見せるために「もう少しこうだったらいいのにな」を叶えるためのもの。どういう自分を見せたいかを考えてメイクすることが何よりも大切なのだと考えています。

あきやま・あきら

埼玉県出身。7才よりバレエを始める。12年東京バレエ学校を卒業後、リスボンの国立コンセルヴァトワールに留学。14年イタリアのカンパーニャ・バレット・クラシコに入団。16年東京バレエ団に入団し、20年にファースト・ソリスト、22年プリンシパルに昇格。

私は外見も大切だと思っていて、役になりきるためにも、その役柄らしさを意識したメイクをすることにしています。たとえば、『白鳥の湖』なら、第2幕オデットは水色系のアイシャドウで清楚な雰囲気（ふんいき）を出し、第3幕オディールは目尻に赤いラインを追加するというように、幕間（まくま）に急いでメイクを直しているんですよ。メイクが変わるとふっと気持ちが役に入っていき、演じやすくなるように感じます。

私の顔立ちは、パーツが中央に集まっていて、子どもっぽく見えてしまいがち。そのため、アイラインやアイブロウを外側に長くのばし、チークをこめかみからCの字を描くように入れて、おとなっぽい顔立ちに見せるくふうをしています。とはいっても、あるとき先輩から「目頭がはなれすぎていると違和感（いわかん）があるよ」とアドバイスをしていただいて。コンプレックスをカバーしようと、あまりにももとの顔からはなれたラインを入れてしまってはかえってよくないのだと知り、それ以来、自分の目頭の位置は守りつつ、外側にラインを長くのばすというように、顔立ちを活かしながら少しだけ雰囲気を変えるメイクを研究するようになりました。

また、鏡で見てきれいに仕上がっていても、舞台での見え方とちがっている場合もあります。自分では確かめられないので、なるべく先輩や先生方からもアドバイスをいただくように心がけていて。そのひとつとして顔だけでなくボディにとの粉※を塗って肌をきれいに見せることも私のこだわりのひとつになりました。もともと肌が白いので「との粉はいらないかな」と思って舞台に立ってみたときに、照明が当たったときの見え方が素肌とはまったくちがう

舞台での見え方を意識して

阿部裕恵（あべひろえ）

牧阿佐美バレヱ団

Hiroe Abe

のだと教えていただいて。それ以来、金平糖（こんぺいとう）の精（せい）やオデットなど人間ではない役を踊るときには、かかさずとの粉を塗るようになりました。

　最近では、ＳＮＳで海外のダンサーのメイクをよく調べていて、ダブルラインをぼかすことで自然な立体感を出すテクニックなども参考にしています。アイラインが太すぎたり、アイシャドウが濃すぎたりすると表情がお客さまに伝わりにくくなってしまうので、あくまでも自分の素顔が伝わるようなメイクをすることが、いまの私の理想です。現在も舞台のたびに少しずつメイクをアップデート中。これからも少しずつ改良していき、自分の魅力を引き出すためのメイク方法を探っていきたいです。

※との粉…ボディ用ファンデーションのこと

あべ・ひろえ
宮城県出身。橘バレヱ学校仙台教室、A.M.ステューデンツなどで学ぶ。16年に新国立劇場バレエ研修所を修了し、橘バレヱ学校を卒業。同年牧阿佐美バレヱ団に入団。主な主演作品に『白鳥の湖』『リーズの結婚〜ラ・フィーユ・マル・ガルデ』『くるみ割り人形』など。

基礎からキャラクター別メイクまで

失敗しない！
舞台メイクの教科書

監修 メイクアップアーティスト YOKO　クララ編

初出
「クララ」2021年7月号 〜 2022年12月号

2023年11月30日　初版第1刷発行

発行者
三浦和郎

発行
株式会社 新書館
編集／〒113-0024 東京都文京区西片 2-19-18
TEL 03-3811-2871　FAX 03-3811-2501
営業／〒174-0043 東京都板橋区坂下 1-22-14
TEL 03-5970-3840　FAX 03-5970-3847

表紙・本文レイアウト
SDR（新書館デザイン室）

写真
小塚恭子（4〜15ページ）　深谷義宜（表紙・16〜79ページ）

モデル
西山叶和子（表紙・4〜64ページ）　池内玲音（65〜71ページ）
（バウンドプロモーション）

協力
株式会社シルビア
チャコット株式会社
M・A・C
株式会社　三善
渋谷ロフト
カネボウ化粧品

印刷・製本
株式会社 加藤文明社